KB244095

For Success & Happiness

성공 · 행복을 만드는 여자는 특별한 것이 있다

WEALTH

HEALTH

LOVE

FAME

...

Translated from FENG SHUI FOR SUCCESS & HAPPINESS by Richard Webster
Copyright ⓒ 1999 Richard Webster
Published by Llewellyn Publications, St. Paul, MN 55164 USA

Korean edition copyright ⓒ 2002 COBOOK

The Korean edition published by arrangement with Llewellyn Publications
USA through PubHub Literary Agency, Seoul.

이 책의 한국어판 저작권은 PubHub 에이전시를 통한 저작권자와의 독점 계약으로
도서출판 함께읽는책에 있습니다. 저작권법에 의해 한국 내에서 보호를 받는 저작물이므로
무단 전재와 무단 복제를 금합니다.

For Success & Happiness

성공 · 행복을 만드는 여자는 특별한 것이 있다

리처드 웹스터 지음 | 임정재 옮김

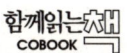

함께읽는책
COBOOK

머리말

풍수를 잘 살피면 작은 변화만으로도 우리가 살고 있는 집을 다양한
모습으로 변화시킬 수 있고, 그에 따라 생활에도 놀랄 만한 일들이
일어납니다.

-리처드 웹스터

린위탕(林語堂, 1895-1976)은 『생활의 발견』이라는 책에서 자신
이 살아온 인생의 경험을 바탕으로 생활을 스스로 조리 있게 가꾸어
기쁘고 행복한 삶을 누려야 한다고 주장했습니다.

그의 말처럼 우리 모두는 기쁘고 행복한 삶을 누리고 싶어합니
다. 그런데 어떻게 하면 그럴 수 있을까요? 비결은 의외로 간단합니
다. 이를테면 고대 중국인들은 이 책에서 자세히 소개하고 있는 풍수
를 활용해 기쁘고 행복한 일생을 살았습니다. 사실 생활 속에서 실천
하고 활용할 수 있는 풍수의 기본 원칙은 매우 단순합니다. 따라서 배
우려는 의지만 있으면 누구나 손쉽게 풍수의 원리를 터득해서 생활에
활용할 수 있습니다. 행복한 삶을 가꾸는 데 기초가 되는 기본 원리인
기, 팔괘, 오행, 9가지 생활 영역, 행운의 방향과 액운의 방향 등을 알

기만 하면 자신도 모르는 사이에 삶이 저절로 기쁘고 행복해집니다.

사람마다 생김새가 다르고 성격이 다르듯 행복과 기쁨을 느끼는 것도 다릅니다. 고대에서부터 오늘날에 이르기까지 수천 년에 걸쳐 증명되어온 풍수를 생활 속에서 적절히 활용한다면 놀랄 만한 일이 벌어질 것입니다. 건강이 좋지 않았던 사람은 건강이 회복되는 놀라운 기적을 경험하게 되고, 사랑에 대한 열정을 잃었던 사람은 자신도 모르는 사이에 사랑의 불꽃이 타오르는 것을 느끼게 될 것입니다. 또한 나이가 들어 정신이 흐릿해지는 사람은 젊었을 때처럼 정신이 맑아지고 또렷해지는 것을 경험하며, 자신은 물론 온 가족이 풍수를 활용하기 이전과는 달리 새로운 기운으로 행복하게 살아가는 기쁨을 누릴 수 있습니다.

가족이 북적거리는 소형 아파트에서 살든 정원과 수영장이 딸린 대저택에서 살든 풍수 원칙만 지킨다면 누구나 만족스럽고 성공적인 삶을 살 수 있다는 점을 기억하기 바랍니다!

WEALTH

HEALTH

LOVE

FAME

차례

FAME

LOVE

HEALTH

WEALTH

한 가지 기쁨만 누릴 수 있어도 온갖
슬픔을 허허롭게 웃어넘길 수 있는 법
-중국 속담

제1장
마음으로부터 시작하는 풍수

마음으로부터 시작하는 풍수

오래 전에 나이 지긋한 한 분이 내게 행복의 비결을 알려주었습니다. 그 비결은 의외로 간단했지만 두고두고 곱씹어야 뜻을 헤아릴 수 있는 난해한 것이었습니다. 그러니까 비결이라고 할 수 있는 것이겠지요. 그분이 뭐라고 했을지 한번 상상해보십시오. "행복한 삶을 누리고 싶다면 행복하게 살아라!" 그분이 내게 가르쳐준 비결은 단지 그것이었습니다.

정말 두고두고 곱씹어야만 외미를 알 수 있는 소중하기 이를 데 없는 충고였습니다. 나는 그 후 간단하지만 심오한 그 충고를 따르기 위해 무척 애를 썼습니다. 하지만 주변 상황이 어려울 때는 아무리 마음을 잡으려고 애를 써도 기쁘고 행복하게 사는 것이 쉽지 않습니다.

그런데 다행히 각자가 처한 환경과 조화롭게 살아가는 방법이 있습니다. 바로 '풍수'를 이용하는 것입니다. 간단한 풍수 기술을 적절

히 활용하면 만족스럽고 풍요로운 생활을 누리며 행복하게 살아갈 수
있습니다.

행복이란?Happiness

고대부터 지금까지 동양인들은 만복을 드러내는 상징물에 많은 관
심을 보여왔습니다. 그러나 한 번에 수십 억을 횡재하는 복권 당첨
처럼 일회적이거나 재물에 관련된 것만을 복으로 여기지는 않았습
니다. 만복의 범위는 상당히 넓은데, 이를테면 다음과 같은 것들입
니다.

> 무병 장수(無病長壽)
> 대를 이을 많은 자손(長孫)
> 명성
> 재물
> 행복한 결혼 생활(百年偕老)
> 인생을 함께 헤쳐갈 절친한 벗
> 입신양명(立身揚名)
> 명예

따지고 보면 현대인들은 만복에 해당하는 요소를 갖추지 못하고
사는 경우가 많습니다. 이를테면 많은 사람들이 배산임수(背山臨水)

를 전혀 고려하지 않은 집에서 살고 있으며, 자녀 없이 사는 사람도 많으니까요. 사실 예전과는 달리 요즘은 생활 여건이 좋아지고 취미 생활도 다양해져서 백년해로할 배우자나 대를 이을 자식 없이도 남 부럽지 않게 행복한 삶을 누릴 수 있습니다. 행복한 삶이란 전적으로 자신이 무엇을 원하는지에 달려 있으며, 사람마다 행복과 만복을 다른 의미로 느끼게 마련인 것입니다. 이처럼 행복의 정의를 내리는 것은 쉽지 않습니다. 그래서 조셉 스펜스(Joseph Spence)도 "행복이란 심지어 생각만 해도 움츠러드는 섬세한 식물과도 같은 것이다"라고 했을 것입니다.

행복의 발견, 풍수의 발견

린위탕은 『생활의 발견』이라는 책에서 삶의 목적은 대단히 숭고하고 거창한 것에 있기보다는 주어진 삶을 재미있고 행복하게 즐기는 데 있다고 했습니다. 그래서 굳이 목적을 찾으려 하지 말고 스스로 생활을 조리 있게 가꾸어 기쁘고 행복한 삶을 누려야 한다고 강조했던 것입니다.

사실 행복은 멀리 있지 않고 살아가면서 겪는 사소한 일상에 있는 법입니다. 이를테면 그림같이 펼쳐진 자연 풍경을 보았을 때 행복을 느낄 수도 있고, 휴일에 모처럼 늘어지게 자고 해가 중천에 걸린 시간에 느지막이 일어났을 때 행복을 느낄 수도 있습니다. 또 자녀들과 함께 가까운 곳으로 소풍을 갔을 때, 마음에 맞는 친구들과 앉아 차를 마시면서 어린 시절의 추억을 돌이킬 때 행복을 느끼기도 합니다. 그런가 하면 남편이 승진하거나 남편의 월급이 인상되었을 때 가장 큰 행복을 느낄 수도 있습니다. 물론 행복한 순간에 굳이 행복한 감정을 분석해볼 필요는 없을 것입니다. 행복을 누리는 일 자체로도 기분이 최고일 테니까요.

여기서 행복한 삶과 불행한 삶을 여실히 보여주는 대표적인 인물 두 사람을 비교해보겠습니다. 먼저 살펴볼 사람은 17세기 유명한 중국인 비평가 김성탄(金聖嘆, 중국 명나라 말~청나라 초에 활동한 문학비평가)입니다. 그는 날씨가 좋지 않아서 산사에 열흘 동안 발이 묶인 적이 있었는데, 그때 33가지 행복한 순간을 적어놓았습니다. 그런데 그 행복한 순간이란 것이 우리가 생각하는 것처럼 대단하고 거창한 내용은 아니었습니다. 한번 살펴볼까요?

푹푹 찌는 더운 여름날 시원한 개울에 담가 놓았던 수박 먹기
창문을 열어서 징글징글한 말벌 쫓아내기
불현듯 함박눈이 떨어지는 것을 깨닫는 순간……

이렇게 그가 행복한 순간이라고 적은 것들은 누구나 수긍할 만한

내용들이었습니다.

또 다른 인물은 한 시대를 풍미했던 영국의 낭만주의 시인 바이런입니다. 당대를 풍미한 시인이었던 만큼 행복한 순간이 많았으리라 생각되지만, 실제 바이런은 죽기 얼마 전 절친한 친구에게 자신은 세상을 사는 동안 단 세 시간밖에 행복하지 않았다고 말했답니다. 감정을 시로 표현하는 시인에게는 우울한 기질이 어쩌면 도움이 될 수도 있었겠지만 살면서 고작 세 시간밖에 행복하지 않았다는 것은 정말 불행한 일이라 할 것입니다.

그런데 나의 인생관은 바이런보다는 김성탄에 가까운 것 같습니다. 사소한 일에서 기쁨을 찾고 누릴 줄 아는 그의 인생관이야말로 더할 나위 없는 행복의 비결이라 할 것입니다.

이 책의 저자로서 나는 독자 여러분이 이 책을 읽고 원룸이든 대저택이든 관계없이 풍수를 활용해 집을 다양하게 변화시키는 방법을 터득하기를 바랍니다. 그래서 자신에게 주어진 환경을 능동적으로 고쳐나갈 뿐만 아니라 알차고 행복하게, 만족스럽게 살아간다면 더 바랄 것이 없습니다.

살아있다고 생각하는 것만큼 행복한
것이 어디 있으랴!
- 벤자민 디즈레일리(Benjamin Disraeli)

제2장
행복을 위한 풍수 기본기

행복을 위한 풍수 기본기

5천년 전, 대부분의 사람들은 강과 바다 가까이에 있는 생활 터전에서 농사를 짓고 물고기를 잡아 생활했으며, 먹을 것이 요즘처럼 풍족하지 못했습니다. 그러나 그들은 먹고살기 위해서 힘들게 일을 해야 했지만 행복한 삶을 누렸습니다. 유교의 기틀을 마련한 대사상가 공자(기원전 551-479)는 "거친 밥을 먹고, 물을 마시고, 팔을 베고 누웠어도 그 가운데 행복을 누릴 수 있다!"고 하면서 후학과 후대에 되새겨볼 귀한 가르침을 전해주고 있습니다. 공자는 진정 행복한 삶은 물질적 풍요보다는 정신적 생활에서 찾을 수 있다는 점을 강조했습니다.

공자가 살았던 시대에 노비들은 늘 굶주림의 고통을 겪으며 살았습니다. 행복을 의미하는 한자인 복(福) 자가 '한없이 배부르다' 는 말에서 유래했을 만큼 굶주림의 고통이 컸던 모양입니다. 하기는 배불리 먹을 수 있는 사람이 항상 음식을 탐하는 가난한 농사꾼보다는 행복하다고 느꼈을 것입니다.

하지만 굶주리거나 배부르거나 당시 사람들은 그들 주변의 여러 가지 자연 현상에 행복, 만족감, 심지어 행운까지 깃들어 있다는 사실을 알았습니다. 그리고 어느 정도 시간이 흐른 뒤 이러한 자연 현상이 땅과 조화를 이루며 살아가는 기술인 풍수로 발전하게 되었는데, 풍수가 언제부터 어떤 식으로 시작되었는지에 대해서는 정확한 기록이 남아있지 않습니다. 다만 기원전 5천년 전 하(夏)나라 시조인 우왕(禹王)과 그의 신하들이 황하(黃河)에서 관계 사업을 벌이고 있을 때 강에서 거대한 거북이 뭍으로 올라왔던 것을 풍수의 기원으로 보고 있습니다(그림1).

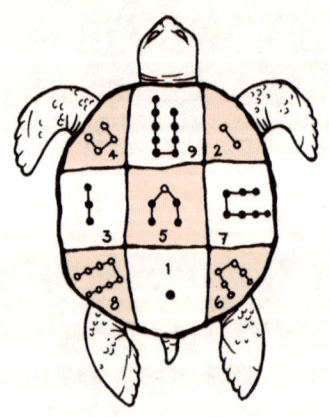

그림 1 마방진이 있는 거북

```
4   9   2
3   5   7
8   1   6
```

그 당시 중국 사람들은 거북의 등 껍데기에 신이 산다고 믿고 있었기 때문에 거북의 갑작스런 출현을 상서로운 징조로 받아들였습니다. 그런데 거북을 자세히 살펴보니 등에 있는 표시가 완벽한 마방진(가로, 세로와 대각선에 있는 각각의 합이 같은 배열)의 형태를 띠고 있었습니다.

가로, 세로와 대각선에 있는 숫자를 각각 더했을 때 나오는 숫자는 모두 15였습니다. 이를 매우 기이하게 여긴 우왕은 오랫동안 마방진 현상을 연구해온 학자들을 불렀습니다. 그리고 그들이 풍수뿐만 아니라 점술과 수점술(numerology : 사람의 성질을 해석하거나 미래를 예언하기 위해 수를 사용하는 것)인 주역의 기초 공식을 만들어 냈습니다. 어쩌면 우왕이 중국 최초의 황제가 되었던 것도 이런 발견에 힘입은 결과라고 할 수 있습니다.

자, 이제부터 풍수의 기본 원리를 자세히 살펴보겠습니다.

기(氣)

기(氣)란 삼라만상에 깃들어 있는 보편적인 생명력을 말합니다. 아름

다움이 깃든 곳이나 어떤 일을 완벽하게 이루었을 때에는 반드시 기가 생기게 마련입니다. 이런 원리에 따라 한 폭의 수채화처럼 아름다운 정원에서도 기가 생성되고, 육상 선수가 힘차게 뛸 때도 기가 생성되는 것입니다.

이처럼 기가 차고 넘치는 곳이 바로 옛사람들이 말하는 명당(明堂)입니다. 이런 이유로 집 앞에 잔잔한 물이 흐르고 뒤편에는 산이나 언덕이 있는 지형에 남쪽을 바라보는 터, 즉 배산임수 지역을 명당으로 여기는 것입니다. 집 뒤편에 자리 잡은 산이나 언덕은 기를 없애 버릴 수도 있는 강한 바람을 막아주고, 집 앞으로 잔잔하게 흐르는 개울은 가족들에게 큰 기쁨을 안겨주는 상서로운 기를 엄청나게 생성하기 때문입니다. 이와는 달리 성난 파도와 같은 물은 기를 없애버립니다.

풍수는 글자의 뜻만으로 본다면 단순히 바람(風)과 물(水)을 의미합니다. 하지만 그 바람과 물이 엄청난 기와 뛰어난 풍수를 만들어내고, 우리는 미풍이 불고 고즈넉이 흘러가는 냇물이 있는 곳에서 살았으면 좋겠다고 생각하게 되는 것이지요.

음과 양

우주는 끊임없이 움직이며, 우주의 삼라만상은 음(陰) 또는 양(陽)으로 설명할 수 있습니다. 우주에 대한 고대 도교의 음양 부호는 이러한 생각을 뚜렷이 보여줍니다. 〈그림2〉에서 하얀 점이 있는 검정 부분은 음을 나타내고 검은 점이 있는 하얀 부분은 양을 나타냅니다.

하얀 원에 있는 검은 점은 다른 것이 없으면 자신도 있을 수 없다는 사실을 나타냅니다. 이를테면 음이 없으면 양이 있을 수 없고 양이 없으면 음도 있을 수 없는 것입니다. 음과 양을 굳이 정의하지 않더라도 밤과 낮처럼 음과 양을 나타내는 서로 반대되는 것들을 열거할 수는 있습니다. 밤이 없으면 낮이 있을 리 없고, 반대로 낮이 없으면 밤 또한 있을 수 없습니다. 앞과 뒤도 마찬가지입니다. 앞이 없다면 뒤가 있을 리 없고, 뒤가 없다면 앞이 있을 수 없습니다. 다음에 몇 가지 예

그림 2 음양 부호

를 들어보겠습니다.

검은 것과 흰 것
큰 것과 작은 것
습한 것과 마른 것
남성과 여성
높은 것과 낮은 것
하늘과 땅

음과 양은 본래 언덕의 반대편을 가리켰던 말로 음은 그늘진 북쪽 기슭을, 양은 양지바른 남쪽 기슭을 의미합니다. 언덕과 산처럼 솟아오른 지형은 양이 되고 평평한 지형은 음이 됩니다. 유명한 사찰에 가면 탑을 흔히 볼 수 있습니다. 그런데 탑이 어떤 지형에 세워져 있는지를 눈여겨본 사람은 많지 않을 것입니다. 탑은 모두 평평한 지형에 세워져 있습니다. 왜 그럴까요? 그것은 지나치게 평평한 지형이 바로 음으로 설명되는 지형이기 때문입니다. 음인 지형에 양기(陽氣)를 불어넣는 방법으로 탑을 세웠던 것입니다.

사람들은 누구나 음과 양이 조화를 이루는 균형 잡힌 삶을 살고 싶어합니다. 중국 사람들이 명당이라고 생각하는 지형에는 양(집 뒤의 언덕이나 산)과 음(평평한 들판과 잔잔히 흐르는 물)이 골고루 섞여 있습니다. 그런데 음과 양은 정체되어 있는 기운이 아닙니다. 말하

자면 음과 양은 저마다 상대를 제압하기 위해서 애를 쓰고 있습니다.
사계절을 예로 들면, 봄에는 양기가 드센 반면 음기는 쇠하고, 여름에
는 양기가 완전히 만개했다가 가을이면 다시 쇠하며, 겨울이 되면 음
기가 양기를 완전히 압도하게 됩니다. 이처럼 음과 양은 해마다 쉼없
이 순환하고 있습니다.

오행 The Five Elements

풍수에는 오행(五行)이라는 다섯 가지 자연 요소가 있는데, 우주 삼
라만상은 이 다섯 가지 자연 요소로 이루어져 있습니다. 사람 역시 오
행으로 이루어진 존재입니다. 이 오행은 풍수에서 가장 중요한 요소
로, 태어난 해에서 비롯됩니다. (이 책의 부록 189페이지에서 자신의
오행을 찾아볼 수 있습니다.)

다섯 가지 자연 요소는 나무(木) · 불(火) · 흙(土) · 금속(金) · 물
(水)을 말하며, 이 요소들을 여러 가지로 배치할 수 있습니다.

상생의 주기와 상극의 주기

오행에서는 상호교감을 상생(相生), 상호대립을 상극(相剋)으로 표현
합니다. 상생의 관계에서 만물은 성장과 발전을 거듭하지만 상극의
관계에서는 파멸과 죽음에 이를 수도 있습니다. 먼저 〈그림3〉에서처

럼 상생의 주기에 따라, 각각의 자연 요소들은 연속적으로 다음 자연

요소들을 만들어냅니다. 이를테면,

나무는 타면서 불의 기운을 강하게 해줍니다(木生火).

불이 재를 만들면 그 재는 흙이 되며(火生土),

흙은 금속을 만듭니다(土生金).

금속은 액화되면서 물을 만들고(金生水),

물은 나무를 기릅니다(水生木).

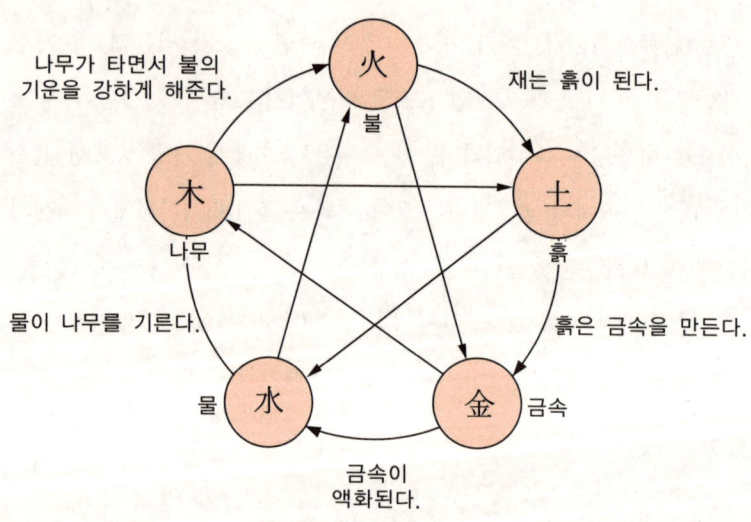

그림 3 상생의 주기

상극(相剋)의 주기는 이와 반대로 일어납니다(그림4). 즉,

불은 금속을 녹이며(火剋金),
금속은 나무를 쪼갭니다(金剋木).
나무는 흙의 기운을 빼앗고(木剋土),
흙은 물의 흐름을 방해하며(土剋水),
물은 불을 끕니다(水剋火).

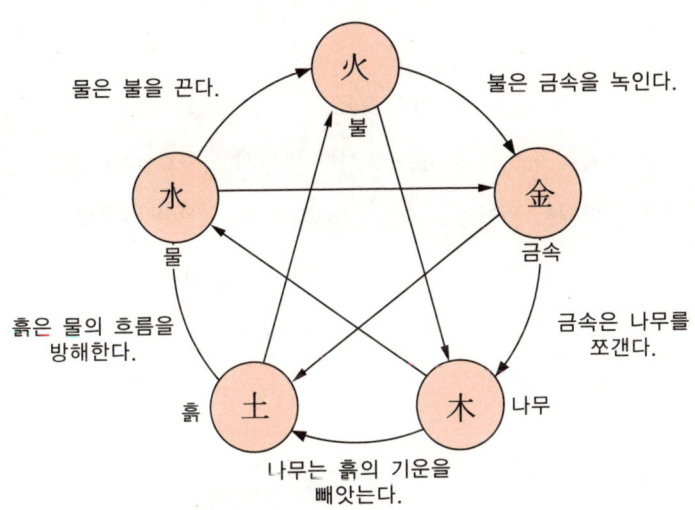

그림 4 상극의 주기

나무(木)

나무는 창조적이고 사교적이며 매력적인 자연 요소입니다. 얼굴에 사교적이고 매력적인 표정이 가득 찬 사람은 나무의 속성을 가지고 있는 것입니다. 이런 사람은 어떤 상황에서도 스스로를 창조적으로 표현할 수 있는 잠재력을 지녔다고 할 수 있습니다. 나무를 대변하는 색상은 녹색입니다. 나무를 집 안에 직접 심기 힘든 일반 가정에서는 화분과 생화로 나무를 대신할 수 있습니다.

불(火)

불은 열정적이고 활동적인 자연 요소로서 리더십을 나타냅니다. 하지만 불은 주위를 따뜻하게 하는 동시에 완전히 파괴할 수도 있으므로 이 점에 유의해서 조심스럽게 다루어야 합니다. 일반 가정에서는 난로나 촛불로 불을 대신할 수 있지만, 안전과 직결되기 때문에 사실 부담스러운 면이 있습니다. 다행히도 어떤 물건이든 붉은색이 들어 있는 것이면 불을 대신할 수 있습니다.

흙(土)

흙의 요소를 가진 사람은 안정적이고 믿을 만하며 참을성이 강할 뿐만 아니라 늘 질서 정연합니다. 하지만 고집 불통인 경우도 있어서 지나치게 고집을 부릴 때가 있습니다. 흙은 인내와 노력의 결과물, 이를테면 유산이나 부동산과 관련이 있습니다. 흙은 황색으로 대신할 수 있으며, 일반 가정에서는 뚝배기나 질그릇으로 흙을 대신할 수 있습니다.

금속(金)

금속은 사업과 돈, 성공과 관련이 있습니다. 물질적 성공을 나타내곤 하지만 창이나 칼로 변형되어 파괴적인 무기가 될 수도 있습니다. 금속은 백색, 황금색, 기타 금속 색상으로 대신할 수 있습니다. 일반 가정에서는 금속성이 있으면 어떤 것이든 금속을 대신할 수 있는데, 특히 매력적인 금속 장식물 이상적입니다.

물(水)

물은 여행, 지식, 커뮤니케이션과 관련이 깊습니다. 물은 적절한 비처럼 농사에 도움이 되기도 하지만, 때로는 무시무시한 태풍이 몰고 오는 폭우처럼 파괴적일 수도 있습니다. 물은 검정색 또는 파란색이면 어떤 물건이든 대신할 수 있으며, 일반 가정에서는 수족관이나 실내 분수로 물을 대신할 수 있습니다.

일반적으로 이처럼 자신에게 해당하는 오행의 요소가 자기 주변에 그대로 드러나 있어야 좋습니다. 또한 그 주변에는 상생의 주기에

서 자신의 자연 요소에 앞서 있는 자연 요소도 있어야 합니다. 바로
이 자연 요소가 자신에게 해당하는 자연 요소를 생성시키기 때문입니
다. 이를테면 자신이 불이라면 주변에는 나무가 있어야 합니다. 나무
가 타서 불을 생성시키니까요.

그런데 보통 가족 내에서 여러 명이 함께 생활하기 때문에 비록
자신에게 해당하는 문제를 잘 해결한다고 해도 항상 문제는 있게 마
련입니다. 그래서 옛날에는 그 집의 가장에게 해당하는 오행을 가장
우월한 것으로 여겼다고 합니다. 하지만 오늘날은 상황이 많이 달라
졌습니다.

예전에는 가장 외에는 돈을 벌어오는 사람이 많지 않았지만 지금
은 직업을 가진 여성들도 많습니다. 그래서 가족 가운데서 가장 수입
이 많은 사람의 오행을 우선으로 봅니다. 실제로 안방의 경우 가장의
오행을 기준으로 하고, 가족들이 함께 사용하는 방은 다른 가족원들
의 오행을 함께 봅니다.

결혼을 할 경우에는 상생의 주기에서 자신에게 해당하는 오행과
호환할 수 있는 오행을 가진 상대방을 배우자로 맞는 것이 가장 이상
적입니다. 간혹 상극의 주기에 해당하는 두 가지 자연 요소가 만나는
경우가 있는데, 이럴 때는 언제 위험이 닥칠지 모르기 때문에 위험을
근절시키기 위해 상극을 중화시키는 장치를 사용해야 합니다. 즉, 교
정의 주기를 활용해야 합니다.

교정의 주기

교정의 주기는 상생의 주기와 순서는 같지만 시계 반대 방향으로 읽힙니다. 이제 상생의 주기에 따라 배열되어 있는 자연 요소를 시계 반대 방향으로 읽어보겠습니다. 먼저,

> 나무는 물에서 자라고(木剋水),
> 물은 금속을 부식시킵니다(水剋金).
> 또 금속은 흙에서 나오고(金剋土),
> 흙은 불을 끄며(土剋火),
> 불은 나무를 태웁니다(火剋木).

예를 들어 자신은 금속에 해당하고 배우자는 나무에 해당하는 경우가 있습니다. 이때 금속과 나무는 상극의 주기에서 바로 옆에 위치하기 때문에 어려운 일이 생길 가능성이 많습니다. 하지만 교정의 주기를 활용하여 금속과 나무 사이에 물을 집어넣어 문제를 해결할 수 있습니다. 즉, 물에 속하는 자연 요소를 집안에 들여놓으면 언제 닥칠지 모르는 어려움을 막을 수 있습니다. 만약 자신과 배우자가 이 경우에 해당한다면 집 안에 당장 수족관이나 소형 분수를 설치하세요. 이보다 더 좋은 교정 방법은 없으니까요.

또 다른 예로, 자신은 불에 해당하고 배우자는 물에 해당하는 경우도 있을 것입니다. 교정의 주기에서 불과 물 사이에는 나무가 있습

니다. 그러니까 이 경우 집 안에 나무와 관련 있는 물건을 들여놓아야 합니다. 그러면 나무가 불과 물을 완전히 중화시켜 언제 일어날지 모르는 어려움을 예방합니다. 나무와 관련이 있는 것으로는 화원에서 쉽게 구할 수 있는 화분이나 생화를 쉽게 떠올릴 수 있을 것입니다.

바로 이러한 방법들로 큰 어려움이 닥치기 전에 잠재적인 문제를 해결할 수 있습니다. 아무리 마음을 단단히 먹는다 해도 사방에 어려움이 쌓여 있다면 긍정적으로 생각하는 것이 쉽지 않습니다. 그러나 다행히 풍수를 잘 활용하면 가족이나 배우자를 비롯해 모든 생물체와 조화롭게 살아갈 수 있습니다. 또한 생겨날 문제점을 미연에 방지할 수도 있습니다.

사기(邪氣)Shars

일명 '독화살' 이라 불리는 사기(邪氣:사악한 기운)는 액운과 불운을 일으킬 수 있는 직선과 직각으로 이루어져 있습니다. 그런데 사기라고 해서 반드시 나쁜 일을 일으키는 것은 아니고, 다만 항상 재앙의 가능성을 갖고 있다는 것입니다.

고대 중국 사람들은 귀신은 직선으로만 다닌다고 생각했습니다. 중국의 연못을 찍은 사진을 보면 이상하게도 그 멋진 연못에 하나같이 지그재그 모양의 다리가 있습니다. 왜 다리가 하나같이 그렇게 생겼을까요? 중국 사람들은 귀신이 직선으로만 다닌다고 생각했기 때문에 귀신들이 연못을 가로지르지 못하도록 다리를 그렇게 만들어놓았던 것입니다.

사악한 기운은 다양하게 생성됩니다. 일단 자신의 집을 향해 직선으로 뻗어 있는 것은 무엇이든 사기라고 보면 됩니다. 이를테면 집이 T자의 길과 접해 있다면 맞은편에서 오는 길이 바로 커다란 사기를 불러일으키는 요소가 됩니다. 전선과 이웃집 지붕선에서 생긴 사기는 흔히 볼 수 있는 예입니다. 또한 자기 집을 향하는 다른 물체의 각도로 인해 사기가 생기기도 합니다. 이웃집 모서리 부분이 자기 집과 90도 각도에 위치해 있다면 사기가 생기게 되는 것이죠.

사기에는 저마다 잠재적인 위험이 깃들어 있습니다. 사기 가운데서도 가장 좋지 않은 것이 바로 현관(정문, 대문)을 향한 사기입니다. 그런데 다행히 사기는 보이지 않게 하면 더 이상 힘을 발휘하지 못합니다. 벽이나 담 또는 울타리를 쌓는 것도 바로 이런 취지에서 비롯된 것입니다. 벽과 같은 장애물이 있으면 집으로 직접 향하는 길(물체)로 인해 생기는 사기를 막을 수 있습니다(그림5).

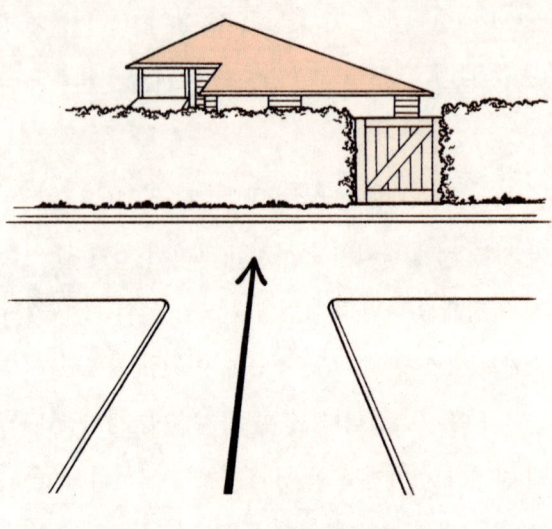

그림 5 사기 감추기

　사기를 감추어도 그 기운이 없어지지 않는 경우에는 문제가 생길 수 있습니다. 그런데 다행히 풍수에는 문자 그대로 모든 사기를 막을 수 있는 교정법이 있습니다. 한가운데 동그란 거울이 있고 그 주변에는 주역에서 비롯된 여덟 개의 괘가 있는 팔괘 거울이라는 소형 거울을 이용해서 사기를 처음 시작된 곳으로 다시 보낼 수가 있습니다.

그림 6 팔괘 거울

거울은 본래 음 또는 수동적인 것으로 여겨지는 물건이지만, 거
울 주변에 괘가 있으면 양 또는 적극적인 물건으로 변합니다. 그런데
이 팔괘 거울은 현관 위에 놓아야 합니다. 거울에 들어온 사기를 잡아
서 원래 있던 자리로 되돌려 보내야 하기 때문입니다. 그래서 팔괘 거
울은 집 안에서가 아니라 집 밖에서만 사용해야 합니다.

팔괘 거울에는 세 가지 유형이 있습니다. 첫째, 평면 거울의 팔괘
거울은 사기를 원래 있던 자리로 돌려 보냅니다. 둘째, 오목 거울의
팔괘 거울은 불길한 기운을 완전히 빨아들입니다. 셋째, 볼록 거울의
팔괘 거울은 사기를 사방팔방으로 반사시킵니다. 이 가운데서 볼록

거울의 팔괘 거울은 반드시 경험이 풍부한 풍수사와 상의를 하고 난 뒤 사용해야 합니다. 사방으로 사기가 퍼지기 때문입니다.

자기의 소유물 가운데서도 집 안에 사기를 일으키는 것이 있을 수 있습니다. 인도에서 현관(정문, 대문)까지 가는 길이 직선으로 이어져 있다면 그것이 바로 사기입니다. 그리고 집 안에 직선으로 이루어진 긴 복도가 있다면 이 또한 사기가 됩니다(그림7). 또 L자 모양의 침실도 각을 지어 침실을 가로지르는 두 개의 벽 때문에 사기를 드러냅니다.

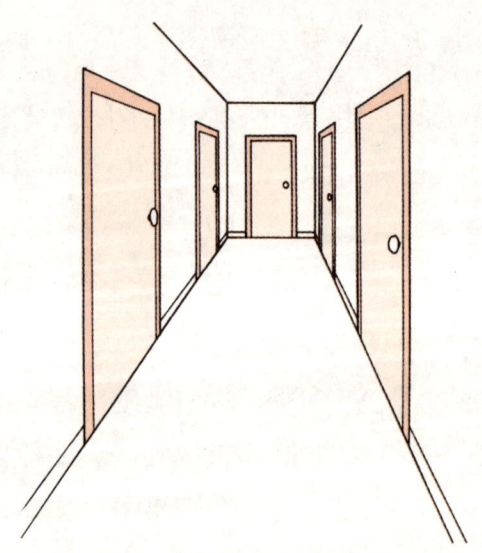

그림 7 사기를 일으키는 직선으로 된 긴 복도

한편 노출된 대들보에도 주의를 기울여야 합니다. 멋지게 보이는 대들보도 사실은 그 아래에서 많은 시간을 보내는 사람에게 해를 끼칠 수 있는데, 특히 사람의 머리 위를 지나가면 사기가 됩니다. 그렇기 때문에 머리 위를 지나가는 대들보 밑에 의자나 침대 또는 이부자리를 놓지 않는 것이 좋습니다. 특히 자신이 일하고 있는 자리의 위쪽에 특별히 신경을 써야 합니다. 대들보 밑에서 오랫동안 일을 하게 되면 두통에 시달릴 가능성이 높아지기 때문입니다.

풍수 교정법Remedies

풍수에는 모든 문제에 대한 해결책이 있습니다. 다만 집터 아래에 흐르는 수맥과 머리 위를 지나가는 고압선에 대한 해결책은 없다는 점을 알아두어야 합니다.

조명

조명은 밝을수록 좋습니다. 조명이 밝으면 집이 푸근하고 안락하게 느껴지기 때문입니다. 조명은 또한 상서로운 기를 풍부하게 돋워주고, 원하는 곳마다 기가 깃들도록 하는 데 매우 유익한 방법입니다. 특히 현관의 조명을 밝게 하는 것이 무엇보다 중요합니다. 대부분의 기가 현관을 통해 들어오기 때문입니다. 손님이 현관을 찾는 데 애를 먹는다면 기 또한 현관을 찾지 못해 애를 먹을 것입니다.

한편 조명으로 모양이 좋지 않은 침실의 균형을 맞출 수도 있습니다. 집 밖에 조명을 설치해서 L자 모양의 집에서 빠진 모퉁이를 대신할 수도 있습니다(그림8).

조명 장치는 종류에 상관없이 모두 유익하지만 그 가운데서도 샹들리에가 가장 좋습니다. 샹들리에는 기를 사방으로 반사하기 때문입니다. 또 샹들리에에는 미치지 못하지만 사방으로 기를 반사하는 크리스털 제품도 좁은 공간에서 사용하는 교정 수단으로는 최고라고 할 수 있습니다.

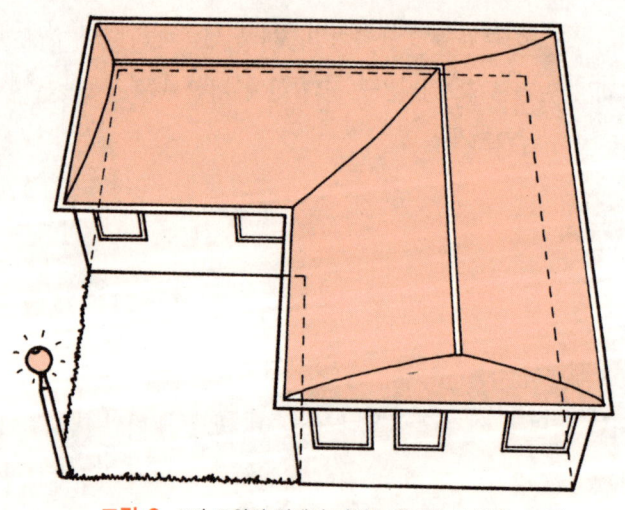

그림 8 L자 모양의 집에서 빠진 모퉁이를 보상하는 조명

거울

거울 역시 뛰어난 교정 수단입니다. 거울은 외부에 펼쳐진 그림 같은 풍경을 집 안으로 끌어들일 뿐만 아니라 좁은 실내를 실제보다 넓어 보이게 하며, 어두컴컴한 곳에 빛을 반사시켜 밝게 해줍니다.

풍수에서는 자리에 누운 채 머리를 90도 이상 돌리지 않고 침실 문을 볼 수 있는 것을 매우 중요하게 생각합니다. 만약 뜻하지 않게 문을 볼 수 없는 경우가 생길 때는 문을 볼 수 있게 거울을 설치하면 됩니다.

한편 음식을 만드는 사람이 부엌 입구를 볼 수 없는 곳에서 음식을 만들게 되면 음식맛이 현저히 떨어진다고 합니다. 하지만 현재 자신이 살고 있는 집의 부엌에서 부엌 입구가 보이지 않는다고 해서 걱정할 필요는 없습니다. 비법이 있는데, 바로 거울을 사용하는 방법입니다. 거울을 적절한 자리에 놓아 자기 뒤편에 있는 부엌 입구를 잘 볼 수 있게 하면 음식맛이 떨어질 염려는 없습니다.

그래서 중국 사람들은 음식을 만드는 조리대 옆에 거울을 두는 것을 좋아했습니다. 음식의 양을 '2배'로 보이게 해서 한층 풍성한 분위기를 연출했던 것입니다. 또한 식탁에도 거울을 곧잘 두었는데, 식탁에 차려져 있는 음식물을 풍성하게 보이게 함으로써 포만감을 일으키는 효과를 얻을 수 있기 때문입니다. 그런데 이때 반드시 알아두어야 할 것은 거울은 가능하면 큰 것을 사용해야 한다는 것입니다. 거울이 작으면 머리와 다리는 없고 몸통만 비쳐져 효과가 떨어질 테니까요.

식물

식물은 설명이 필요 없을 만큼 뛰어난 풍수 교정 수단입니다. 식물은 기를 생성할 뿐만 아니라 삶과 성장을 상징합니다. 교정에 사용되는 식물은 특히 짙푸르고 싱싱하며, 우거진 것이 좋습니다. 죽은 식물과 생명력이 약한 식물은 오히려 기를 억제하므로 효과를 제대로 얻기 위해서는 싱싱하고 짙푸른 식물로 당장 바꿔야 합니다. 인조 식물도 교정 수단으로 사용할 수 있지만 이때 주의할 것은 진짜 식물처럼 보여야 한다는 것입니다. 즉, 살아 있는 것처럼 먼지가 쌓이지 않게 항상 신경을 써야 합니다. 모조품처럼 보인다면 아무래도 교정 가치가 줄어들 것입니다. 또 마른 꽃은 없애는 것이 좋습니다. 꽃에서 생명을 드러내는 물기가 완전히 제거되어 오히려 기를 없애기 때문입니다.

식물은 또한 사기를 가리거나 없애줍니다. 책상 모서리가 날카로워서 사기가 발산되는 경우에는 거기에 생명력이 넘치고 기를 많이 발산하는 화분을 놓아보세요. 사기가 없어질 것입니다.

식물 가운데서도 집 밖에 있는 식물만큼 뛰어난 교정 수단은 없습니다. 집 뒤편의 짙푸르게 우거진 숲은 상징적으로는 그 집에 사는 사람들을 보호하며, 실질적으로는 강한 바람을 잠재우고 바람 소리를

완화시켜줍니다. 집 밖에 있는 나무들은 외부에서 오는 사기를 없애
주는 교정 수단으로 사용되기도 하는데, 나무 가운데서도 상록수가
으뜸입니다.

그런데 나무나 숲이 항상 좋은 것만은 아니라는 점도 알아두어야
합니다. 때로는 나무도 사기가 될 수 있으니까요. 이를테면 지나치게
집 가까이에 있는 나무는 오히려 집 안에 양기를 불어 넣어주는 햇빛
을 가리고, 겨울에는 앙상하게 변해서 오히려 사기를 일으킬 수도 있
습니다.

풍경

풍경(風磬:작은 종)과 모빌도 풍수 교정 수단으로는 제격입니다. 활
성화해야 하는 영역에 풍경이나 모빌을 달아놓으면 그 움직임과 소리
때문에 그 영역이 활기를 띠게 됩니다. 풍경은 이왕이면 자신에게 해
당하는 오행과 관련 있는 재질로 만든 것을 선택하는 것이 좋습니다.
또한 금속 풍경에 자신의 오행과 관련된 색을 적절히 칠해서 사용해
도 좋을 것입니다.

교정 수단으로 풍경이 내는 깊고 그윽한 소리만한 것도 없습니
다. 기가 흐르는 것이 저절로 느껴지니까요. 원통 모양에 속이 비어
있는 풍경이야말로 풍경 가운데 풍경이라고 할 수 있습니다. 비어 있
는 공간에 기가 충만하게 채워지기 때문입니다. 피리처럼 속이 빈 물

건도 풍수 교정 수단으로 사용할 수 있습니다. 피리는 대들보로 생긴
문제를 해결할 때 가장 많이 사용되는 교정 수단이기도 합니다(더 자
세한 내용은 풍수 교정법의 '실내 교정' 부분 126페이지 참고).

새와 물고기

새나 물고기는 상서로운 기를 생성하고 돋워주는 더할 나위 없이 좋
은 수단입니다. 옛날부터 물은 돈을 물고기는 발전을 상징해왔고, 새
와 물고기는 많은 재물을 가져온다고 믿어졌습니다. 수족관이나 어항
으로 교정의 효과를 보려면 번영을 상징하는 빨간 금붕어 여덟 마리
와 보호를 상징하는 검은 금붕어 한 마리를 넣어주면 됩니다.

흐르는 물

흐르는 물은 상서로운 기를 끌어들이는 한편 주위에 있는 것들을 보
호해줍니다. 최근 실내에 소형 분수를 설치하는 가정이 많이 늘어나
고 있는데, 이는 매우 바람직한 현상입니다. 분수는 실내·외를 불문
하고 상서로운 기를 한껏 불어넣어주니까요.

이처럼 분수는 멋진 풍수를 자아내기는 하지만 한 가지 주의할
점이 있습니다. 물이 항상 정결하고 신선해야 한다는 것입니다. 물이
지저분하고 고약한 냄새가 나게 되면 오히려 기를 없애버리기 때문입
니다. 그 밖에 집 주변을 빙 두른 것처럼 콩팥같이 생긴 웅덩이가 있

다면 잘 관리하십시오. 그런 웅덩이는 그 집을 보호해줍니다.

중량감이 느껴지는 물건과 색상

중량감이 느껴지거나 부피가 큰 사물로도 풍수를 교정할 수 있습니다. 이러한 사물은 특히 주위 환경이 지나치게 음일 때, 즉 지나칠 정도로 평평한 경우에 효과가 좋습니다. 가구가 한쪽으로 지나치게 치우쳐 불균형한 경우에는 커다란 사물로 균형을 맞춰주어야 합니다.

색상도 풍수 교정 수단으로 자주 사용됩니다. 색상으로 교정을 하는 최고의 방법은 자신에게 해당하는 오행과 관련된 색상이나 상생의 주기에서 자신의 오행 앞에 위치한 요소의 색상을 사용하는 것입니다.

성공으로 이끄는 삶의 원칙 The Principles of Successful Living

중국 사람들은 "처음에는 운명이, 그 다음에는 행운이, 셋째로 풍수가, 넷째로 인애(人愛)가 그리고 마지막으로 교육이 찾아온다"는 말을 자주 합니다. 성공으로 이끄는 삶의 원칙을 운명, 행운, 풍수, 인애, 교육으로 보는 것입니다.

먼저 운명은 별자리에 따라 정해지는데, 별자리는 사람의 장점과 단점, 잠재력을 있는 그대로 드러냅니다. 사람은 운명을 거부할 수 없습니다. 부유한 부모에게서 태어난 사람은 태어나는 것과 동시에 모든 가능성을 물려받습니다. 하지만 운명을 정해주는 강력한 별자리가 없다면 어떤 것도 성취할 수 없습니다. 또한 어려운 환경에서 태어난 사람이라도 강력한 별자리의 도움을 받는다면 열악한 환경으로 인한 어려움을 극복하고 결국 성공하게 됩니다.

그 다음으로 행운이 찾아옵니다. 물론 행운 이외의 네 가지 원칙에 최선을 다한다면 스스로 행운을 만들어낼 수도 있습니다. 이러한 태도는 적극적인 사고와 관련이 있습니다. 좋은 일이 일어나기를 기대하면 좋은 일이 일어날 가능성은 그만큼 높아지는 법이니까요. 부정적인 생각이나 두려운 마음을 가진 사람에게는 나쁜 일이 일어날 가능성이 그만큼 많아집니다. 행동은 생각에 따라 달라지게 마련입니다.

셋째로 풍수가 찾아옵니다. 풍수의 기본 원리만 잘 활용하면 자신을 둘러싼 세계와 주위 사람들과 조화로운 삶을 영위할 수 있으며, 결과적으로 삶의 질을 개설할 수 있습니다.

네 번째로 인애가 찾아옵니다. 인애는 아무런 보상을 기대하지 않고 타인에게 선행을 베푸는 것으로, 불교에서 말하는 인연과 관련이 깊습니다. 타인을 위해 선행을 행하면 자신도 모르는 사이에 좋은 보상을 받게 되고, 반대로 타인을 해한다면 자신도 모르는 사이에 좋지 않은 일로 대가를 치르게 된다는 것입니다.

마지막으로 교육이 찾아옵니다. 교육은 죽을 때까지 계속되는

것으로, 주위에서 일어나는 일들을 받아들이기 위해서 필요한 것입
니다.

이 다섯 가지 원칙이야말로 행복의 비결입니다. 즉 자신에게 맡
겨진 운명을 개척하고, 행운을 실현시키며, 풍수를 잘 활용하고, 다른
사람에게 도움을 제공하고, 교육을 잘 받으며 인내한다면 누구나 성
공적이고 행복한 삶을 누릴 수 있을 것입니다.

"행복이란 강물과도 같은 것이어서 강물이 집어삼킬지라도 계
속해서 수영을 해야 하는 법"입니다. 행복은 스스로 만들어가는 것
입니다.

성공하는 사람들이란 자기가 바라는
환경을 찾아내는 사람들이다. 발견하
지 못하면 자기가 만들면 된다.
-조지 버나드 쇼(George Bernard Shaw)

제3장
우리집 풍수

우리집 풍수

집은 마음놓고 편히 쉴 수 있는 장소가 되어야 합니다. 누구든지 집에서는 긴장을 풀고 근심 걱정을 떨쳐버릴 수 있어야 합니다. 풍수를 잘 활용해 집을 적절히 변화시킨다면 행복하고 성공적인 삶을 누릴 수 있습니다.

우선 오랫동안 살아왔던 집을 전혀 새로운 시각으로 살펴보는 것이 중요한데, 사실 말처럼 쉬운 일은 아닙니다. 하지만 틈날 때마다 집 안을 새로운 시각으로 바라보다 보면 의외로 좋은 결과를 얻을 수 있습니다. 전에는 전혀 의식하지 못하고 지나쳤던 많은 것들이 새롭게 보인다는 사실에 스스로도 놀라게 될 것입니다.

먼저 매일같이 지나치던 길을 살펴보십시오. 교정해야 할 사악한 기운이 어디에 있는지를 확인하면서 천천히 집을 향해 발걸음을 옮겨

보는 것입니다. 날마다 지나다니는 대문까지 가는 길을 자세히 살펴
보십시오. 풍수의 관점에서 보면, 대문까지 가는 길은 곧은 것보다는
구부러진 것이 좋습니다. 하지만 대문까지 가는 길이 직선이라고 해
서 지나치게 걱정할 필요는 없습니다. 풍수에는 직선으로 난 길을 교
정하는 방법이 있으니까요. 길 양편에 화단을 설치하면 집안에 상서
로운 기를 불러올 뿐만 아니라 곧게 난 길을 중화시키는 효과까지 얻
을 수 있습니다(그림9). 그런데 이때 주의할 것은 도로에 닿은 길보다
집으로 들어오는 길이 넓어서는 안 된다는 것입니다. 그럴 경우 재물
을 얻을 기회를 막아버리게 됩니다.

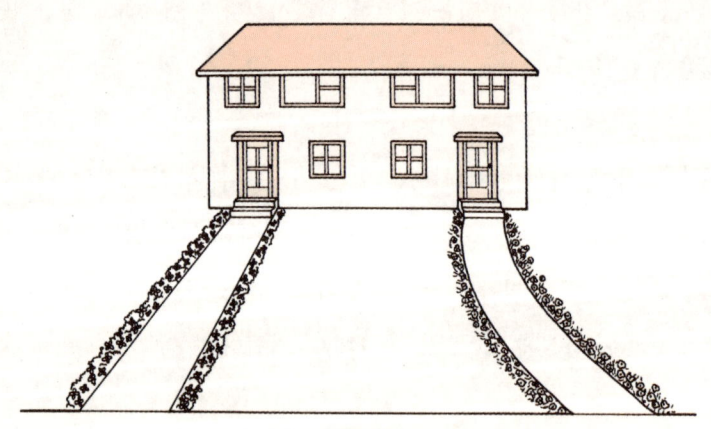

그림 9 화단을 이용한 교정 방법

현관 The Front Door

먼저 집을 처음 찾아오는 사람들도 쉽게 현관을 찾을 수 있는지를 확인해야 합니다. 또한 현관에서는 그 집의 인테리어를 한눈에 볼 수 있어야 합니다. 현관은 항상 환해야 하고, 사람을 반기는 분위기가 물씬 풍기는 것이 좋습니다. 사실 기는 대부분 현관을 통해 들어옵니다. 그렇다면 현관을 어떻게 꾸미는 것이 좋을까요?

현관은 항상 환하고 사람들을 반기는 분위기가 물씬 느껴지게 꾸미는 것이 좋습니다. 현관의 분위기가 어둡고 칙칙하면 기가 제대로 집 안으로 들어올 수 없기 때문입니다. 집 안에 기가 제대로 들어오지 못하면 결국 그 집에서 사는 사람들의 삶이 평안할 수 없습니다. 하지만 현관을 항상 대낮처럼 환하게 하고 커다란 거울을 달아놓으면 더이상 문제될 것이 없습니다. 대형 거울로 좁은 현관을 넓어 보이게 할 수도 있고, 반대로 발을 쳐서 너무 넓은 현관을 아담한 공간으로 보이게 할 수도 있다는 것을 알아두면 됩니다.

그런데 집의 규모를 생각할 때 현관의 크기는 어느 정도가 좋을까요? 예전부터 지나치게 넓은 현관은 금전적인 문세를 일으키고, 반대로 지나치게 좁은 현관은 가족 간에 심한 갈등을 일으켜 가족들을 옥죈다고 여겨졌다는 점을 참고하면 될 것입니다.

그리고 사기, 즉 사악한 기운이 현관으로 들어오고 있는지를 자세히 살펴야 합니다. 현관에서 발생하는 사기로는 이웃집의 지붕선, 담, 전봇대, 집 옆에 있는 엄청나게 큰 건물을 들 수 있습니다. 현관은 풍수에서 가장 중요하게 여기는 곳이므로 사기의 영향을 받는다면 당장 교정해야 합니다. 사악한 기운을 막는 데는 나무와 벽만한 것이 없습니다.

현관은 이층으로 올라가는 계단과 마주보지 않게 해야 합니다. 기를 혼란스럽게 할 수도 있기 때문입니다. 이것은 현관으로 들어온 사람은 다른 곳으로 가기보다는 곧장 자기 방으로 가야 한다는 뜻을 담고 있습니다. 만약 현관이 계단과 마주보게 배치되어 있다면 현관과 계단 사이의 천장에 크리스털 제품이나 샹들리에를 걸어두어야 합니다. 기가 위로 올라가 계단에서 멀리 떨어지게 하니까요.

현관은 또한 뒷문과 마주보지 않아야 합니다. 현관으로 들어온 기가 복도를 따라 곧장 뒷문으로 빠져나갈 수 있기 때문입니다. 만약 현관과 뒷문이 마주보고 있는 구조라면 발을 쳐서 뒷문을 가리거나 현관과 뒷문 사이의 천장에 크리스털을 걸어두면 됩니다. 그렇게 하면 기가 빠져나가는 문제를 걱정할 필요가 없습니다.

욕실도 현관에서 보이지 않게 해야 합니다. 욕실은 액운을 가져오는 기를 생성하는 곳이므로 현관에서 욕실이 보인다면 욕실의 문을 항상 닫아두는 것이 좋습니다. 그렇게 하면 부정적인 기가 집 안에 스며들지 않습니다.

현관에서 부엌이 보이는 것 역시 좋지 않습니다. 그 집을 방문한 사람이 현관에 들어서자마자 부엌을 본다면 어떤 생각을 하게 될까요? 당연히 음식을 먼저 떠올리게 될 것이고, 그러면 손님을 초대한 원래 목적이 오히려 사소하게 취급될 수가 있습니다. 따라서 현관에서 부엌이 보이지 않게 해야 합니다. 가장 먼저 생각해볼 수 있는 방법은 발을 치는 것인데, 이것으로도 가릴 수 없는 경우에는 현관과 부엌 사이의 천장에 크리스털 제품을 걸어놓으면 됩니다. 그러면 기가 부엌보다는 크리스털 제품으로 흐르게 되기 때문입니다.

거실 The Living Room

거실은 가족이 함께 모여 마음 편히 쉬면서 시간을 보낼 수 있는 진정한 휴식 장소여야 합니다. 이런 점에서 거실에는 가족 구성원의 개성이 반영되어야 하는데, 책이나 가족사진 등 가족의 관심사를 드러내는 사물을 진열해두는 것도 좋습니다.

이상적인 거실은 창문으로 햇빛이 가득 들어와 환하게 빛나야 합니다. 그리고 가족들이 함께 있을 때 꽉 차게 보이도록 거실 형태는 정사각형이나 타원형이 좋습니다. 만약 거실이 길고 좁은 경우라면 길게 이어진 벽에 거울을 몇 개 걸어 균형감이 잘 유지되는 것처럼 꾸며볼 수도 있습니다.

그림 10 복잡한 거실

거실은 널찍하게 보이는 것이 좋으므로 가구를 너무 많이 들여놓아 복잡하고 협소하게 만들지 말아야 합니다(그림10). 공간은 풍요로움과 관련이 있습니다. 따라서 가구를 비롯한 잡동사니가 거실을 온통 차지하고 있는 집에서는 결국 집주인의 경제적 풍요로움이 제한당하고 마는 것입니다.

가구는 집주인의 개성을 반영해야 하며, 거실의 크기와도 조화를 이루어야 합니다. 풍수에서는 둥근 모서리를 상서롭게 여겨왔습니다. 사각형 모서리가 사소한 사기를 분출하는 것과 같은 이치입니다. 둥근 테이블, 양탄자, 전등 같은 계란형이나 원형의 사물은 어떤 종류이든 상서로운 것으로 여겨집니다. 둥근 모양이 돈을 상징하기 때문입니다.

풍수의 관점에서 볼 때 노출된 대들보는 어떤 것이든 상서롭지 못하며, 특히 거실과 침실의 경우에는 더 심각한 영향을 끼칩니다. 밖으로 드러난 대들보는 부드럽게 흐르는 기에 좋지 않은 영향을 미치고, 대들보 아래서 일하거나 식사하거나 잠을 자는 사람들에게 악영향을 줍니다. 그래서 신체 및 정서에 이상을 초래할 뿐만 아니라 결국 가족 전체의 안녕과 행복에 악영향을 주게 되는 것입니다.

밖으로 드러난 대들보의 압박감을 해소시키는 가장 일반적인 방법은 대들보 중앙에 소형 대나무 피리 두 개를 매다는 방법입니다. 또 매력적인 물건을 대들보에 붙이는 방법을 생각해볼 수 있습니다. 물론 이런 방법을 사용하지 않고 대들보 문제를 깔끔하게 해결할 수도 있습니다. 이때 무엇보다 필요한 것은 발상의 전환입니다. 즉, 천장을 낮게 해서 대들보를 보이지 않게 하는 것입니다. 그런데 이 방법은 현실적으로 가능하지 않을 수 있다는 한계가 있습니다.

식당 The Dining Room

식당에서는 먼저 식탁에 신경을 써야 합니다. 손님들이 벽이나 그 밖의 가구에 몸을 부딪치지 않고 자유로이 식당을 드나들 수 있게 배치하는 것이 중요합니다. 이렇게 하면 식당이 넓다는 느낌, 풍성하다는 느낌을 가질 수 있는데 이러한 느낌을 몸소 느끼게 만드는 것이 무엇보다 중요합니다.

　그렇다면 식당에서는 어떤 풍수 교정 수단을 쓰는 것이 좋을까요? 당연히 거울입니다. 식당 여기저기에 거울을 달면 식탁에 차려진 음식이 풍성해 보이는 것은 물론 답답하게 느껴지는 공간을 널찍하게 느끼게 하는 효과가 있습니다.

　간혹 거실이나 안방을 식당으로 사용하는 경우가 있는데, 이는 바람직하고 권장할 만한 일입니다. 식당보다는 커다란 거실이 넓고 풍성한 느낌을 훨씬 강하게 줄 수 있기 때문입니다. 사실 식당은 재물과 상당한 관련이 있는데, 작은 식당보다는 큰 식당이 재물을 모으는데 도움이 되는 것은 당연한 이치라 할 것입니다.

　식탁은 가능하면 원형이나 타원형이 좋습니다. 둥글게 둘러앉아 식사를 하는 동안 서로의 얼굴을 바라보면서 말을 건네기 쉽기 때문이지요. 만약 정사각형이나 직사각형 식탁을 사용할 경우에는 날카로운 모서리에 사악한 기운이 있을 수 있으므로 모서리를 약간 둥글게 처리해주어야 합니다.

침실The Bedroom

침실의 풍수는 마음의 평화와 행복에 더할 나위 없이 중요합니다. 사람들은 보통 하루 중 1/3 이상을 침실에서 보내고, 집에 있을 때 가장 많은 시간을 보내는 곳도 바로 침실이기 때문입니다.

침실은 사생활이 보호되어야 할 공간이므로 가능하면 현관에서 멀리 떨어져 있는 것이 좋습니다. 도로에서 멀리 떨어질수록 소음이나 경적 등 잡다한 소리들에서 멀어질 수 있고, 그래야만 숙면을 취하고 편히 쉴 수 있기 때문입니다.

침실의 풍수에서는 침대(이부자리)의 배치가 가장 중요합니다. 침대(이부자리)는 누운 상태에서 침실로 들어오는 사람을 한눈에 볼 수 있게 배치해야 합니다. 가장 이상적인 침대의 위치는 문에서 대각선 방향에 있는 귀퉁이입니다.

만약 문이 침대 뒤편에 있을 경우에는 거울을 달아서 거울을 통해서라도 들어오는 사람을 한눈에 볼 수 있게 해야 합니다. 그런데 거울을 사용할 때는 조심해야 할 점이 있습니다. 이를테면 거울을 침대와 마주하게 배치해서는 안 되는데, 그렇게 힐 경우 거울이 인간관계를 억제하고 압박을 가하기 때문입니다. 또 천장에 달린 거울은 짧고 열정적인 정사(情事)에는 더할 나위 없이 좋지만 장기간의 관계에는 오히려 악영향을 미칠 수 있다는 점도 기억해두는 것이 좋습니다.

침대 발치는 절대로 문과 마주해서는 안 됩니다. 그 형상이 마치 매장되기 전 안치실에 놓여 있는 '관의 위치'와 같기 때문입니다. 중국 점술에 따르면 시신은 그 사람의 별자리에 따라 정해진 길일(吉日)에 매장되어야 합니다. 그런데 그 길일이 사망한 지 한 달 뒤가 될 수도 있어, 심지어 관들이 줄지어 매장날을 기다리는 경우도 있었다고 합니다.

침대는 노출된 대들보 아래 배치해서는 절대로 안 됩니다. 노출된 대들보 아래에서 자게 되면 대들보가 지나가는 신체 부위의 건강에 문제가 생길 수 있기 때문입니다. 이를테면 대들보가 가슴 부위를 지나는 경우에는 가슴 부위와 폐 부위의 건강이 나빠질 가능성이 매우 높습니다. 노출된 대들보를 달리 교정할 방법이 없다면 침대를 대들보에 횡으로보다는 종으로 배치하는 것이 좋을 것입니다. 그런데 이렇게 종으로 배치하게 되면 부부 생활에 문제가 발생할 수 있으므로 가능하면 천장을 낮춰서 대들보를 가리는 것이 좋습니다. 어쨌든 가장 좋은 방법은 침대를 대들보 아래에 배치하지 않는 것입니다.

침대는 벽에 붙여서 힘을 받도록 하는 것이 좋습니다(그림11). 침대 머리판을 벽에 붙이는 것이 가장 이상적이기는 하지만 그렇게 하기 어려울 경우 한 면이라도 벽에 닿게 하는 것이 좋습니다. 그런데 더블 베드의 경우에는 조심할 점이 있습니다. 침대의 한쪽 면만 벽에 닿는다는 것은, 잠을 자고 있는 사람이 혼자 있고 싶어하며 배우자를

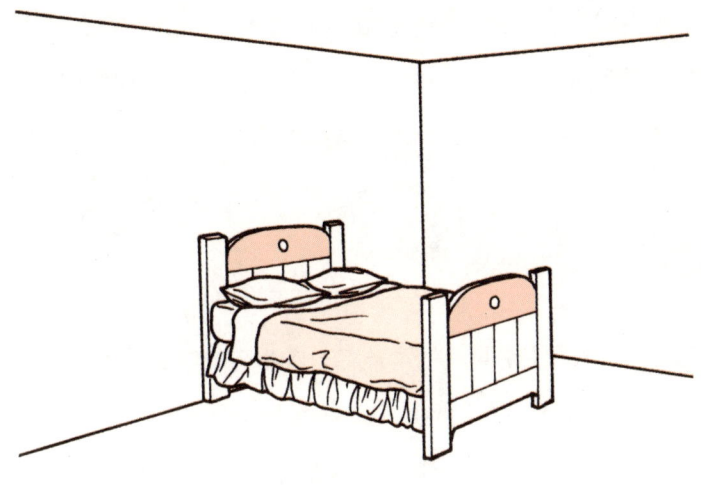

그림 11 침대의 위치

원하지 않는다는 것을 뜻하기 때문입니다. 그러므로 파트너의 마음을 움직이게 하려면 침대 옆면보다는 침대 머리판이 벽에 닿는 것이 좋다는 점을 기억해 두십시오.

침대는 또한 아침에 눈을 떴을 때 밖의 풍경이 한눈에 들어오는 위치에 놓는 것이 좋습니다. 그리고 창문이 있는 것이 이상적이기는 하지만 낮에 햇빛이 침대에 직접적으로 닿는 것은 좋지 않습니다. 침대를 지나치게 햇빛에 노출시키면 밤에 잠을 이루기 어렵기 때문입니다. 침실의 창문은 외부의 사악한 기운에 영향을 받지 않게 하고, 혹시라도 사기가 있는 경우에는 무거운 커튼을 드리워서 사기를 없애야 합니다.

침실은 침실을 사용하는 사람의 오행과 관련 있는 색상과 조화를 이루어야 합니다. 특히 자녀의 침실에는 자녀에게 해당하는 오행과 상생의 주기에서 그에 앞서는 오행의 색이 제격입니다(행복을 위한 풍수 기본기 '오행' 부분 27페이지 참고).

부엌 The Kitchen

부엌은 가족의 부(富)를 상징하는 조리대가 있기 때문에 풍수의 관점에서 매우 중요한 장소입니다. 부엌은 항상 대낮처럼 환해야 하고 환기가 잘 되어야 합니다. 그래야 상서로운 기가 들어오고 이러한 기가 갓 요리한 음식에 들어가서 가족에게 건강과 행복을 가져다줄 수 있기 때문입니다.

부엌의 풍수에서는 조리를 하는 사람이 고개를 돌리지 않고도 부엌으로 들어오는 사람을 볼 수 있게 하는 것이 중요합니다. 그렇지 않으면 조리하다가 인기척에 놀라는 바람에 음식맛이 떨어질 것이고, 결국 가족 전체의 건강에 나쁜 영향을 미칠 수 있습니다. 따라서 시야가 확보되지 않는 부엌에서는 요리하는 사람이 부엌에 들어오는 사람을 쉽게 파악할 수 있도록 조리대 위에 거울을 걸어두는 것이 좋습니다(그림12).

실제로 중국 식당의 주방에는 유난히 거울이 많습니다. 이것은 거울이 음식을 2배로 보이게 하는 효과가 있어 수입을 올리는 데 도

그림 12 조리대 위에 걸린 거울

움이 되기 때문입니다.

그 집의 부를 상징하는 조리대는 항상 정갈해야 하며 완벽한 상태로 유지해야 합니다. 조리대에 문제가 생기면 집 안의 기가 억눌려 결국 가족의 재정 문제에 악영향을 미칠 수도 있기 때문입니다.

물은 부, 곧 돈을 상징하므로 배수구는 되도록 보이지 않게 해야 합니다. 흘러가는 돈을 눈으로 보는 것은 좋지 않은 풍수이기 때문입니다. 같은 이치에서 부엌에서 물이 한 방울이라도 샌다면 당장 보수 공사를 해야 합니다. 부가 절대로 빠져나가지 못하게 해야 하는 것입니다. 또한 앞에서 이야기한 대로 부엌은 현관에서 보이지 않는 것이 좋습니다. 현관에 들어섰을 때 부엌이 눈에 들어오면 손님들은 음식 생각만 하게 될 것이기 때문입니다.

화장실 The Toilet

화장실은 가능하면 눈에 띄지 않게 해야 합니다. 다음 장에서 집안의 9가지 생활 영역을 살펴보면서 자세히 이야기하겠지만 화장실이 부, 명예 또는 직업과 관련 있는 영역에 있으면 안 됩니다. 풍수를 무시하고 그런 영역에 화장실을 설치하면 그 영역에 있는 것들은 말 그대로 '물에 씻기듯' 사라져버리고 맙니다.

화장실은 한구석에 치우쳐 있어야 합니다. 풍수의 관점에서 보면 화장실은 부정적인 기를 생성하는 장소, 즉 액운을 불러오는 장소인데, 이런 화장실이 만약 집 중앙에 있다면 부정적인 기가 집안 구석구석으로 퍼져갈 것입니다.

화장실은 또한 욕실과 떨어져 있어야 합니다. 중국 사람들은 부끄러움을 많이 타기 때문에 화장실을 사용할 때는 절대적으로 사생활을 보호했습니다. 변기와 세면기가 붙어 있는 경우에는 그 사이에 반담이라도 쌓아서 최소한의 사생활을 지키려는 노력을 기울였습니다(그림13).

화장실도 현관에서 보여서는 안 됩니다. 혹시 현관에서 화장실이 보일 경우에는 화장실 문을 닫고 그 문에 커다란 거울을 달아서 화장

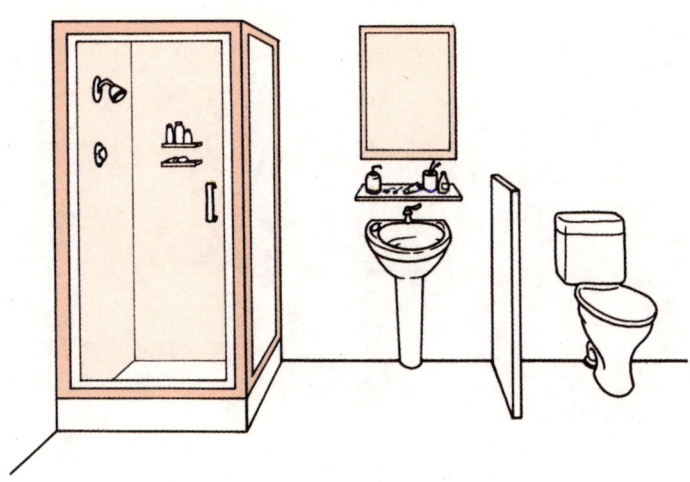

그림 13 화장실에 쌓은 반담

실이 없는 것처럼 보이게 해야 합니다.

욕실 The Bathroom

욕실은 화장실과 마찬가지로 물이 흘러나가는 곳이므로 위치를 세심하게 결정해야 합니다. 항상 환해야 하고, 환기가 잘 되어야 하며, 청결해야 합니다. 욕실과 화장실에는 반드시 커다란 거울을 달아야 합니다. 그런데 거울 효과를 내는 타일을 사용하는 것은 좋지 않습니다. 그런 타일은 돈의 흐름에 악영향을 미치기 때문입니다.

행복이란 사실 욕망의 만족에 다름
아니며, 바람직한 욕망을 가질 때 비
로소 행복을 누리게 되는 법이다.
　　　　- 성 아우구스티누스(Saint Augustinus)

제4장
9가지 생활 영역

9가지 생활 영역

하 나라의 우왕이 거북등에서 발견한 마방진은 오늘날의 풍수에서도 매우 중요한 기능을 합니다. 마방진의 9가지 영역은 저마다 삶과 연관되어 있기 때문입니다. 팔괘가 지시하는 집 안의 생활 영역을 활성화해서 가족 개개인의 삶에 해당하는 각 영역을 향상시킬 수 있습니다. 또한 생활 영역을 활성화함으로써 각각의 영역에서 엄청난 성공과 행복을 얻을 수 있게 해주는 풍수 교정법과 강화책이 있습니다.

우선 〈그림14〉의 마방진을 집의 평면도에 맞게 배치해봅시다. 집이 크거나 작거나 아파트이거나 주택이서나 상관없습니다. 집이 2층 이상일 때는 마방진을 각 층에 맞게 배치하면 됩니다. 집이 정사각형인 경우에는 마방진을 배치하기가 훨씬 쉬울 것이고, 직사각형인 경우라면 집 모양에 맞춰 마방진을 직사각형으로 배치하면 됩니다.

집의 형태가 어떠하든지 마방진을 적용하기 위해서는 무조건 정사각형이나 직사각형으로 집의 형태를 바꾸어야 하는데, 다양한 방법을 활용할 수 있습니다. 예를 들어 L자형 집인 경우에는 갑판 같은 것을 세워서 없는 부분을 보완할 수 있습니다. 또 집 모양이 직사각형인 경우에는 짧은 변 쪽에 화단을 만들어 정사각형으로 보완 교정하거나 정사각형에 맞지 않는 구역에 나무를 심으면 됩니다. 이렇게 하면 나무가 성장하면서 부족한 구역을 채워나갈 것입니다. 집을 사각형 모양으로 만들기 위해 외부에 실외용 전등을 설치할 수도 있습니다.

그런데 집에 중요한 영역이 없다고 걱정할 필요는 없습니다. 전통적인 풍수 교정법을 이용해서 완벽한 집의 조건에서 부족한 영역을 각각의 침실에서 활성화할 수 있기 때문입니다. 각 침실에 똑같은 마방진을 침실 입구에 맞춰서 배치할 수 있습니다.

일단 마방진을 집의 평면도에 맞춰 놓기만 하면 마방진에 따라 해석할 수 있습니다. 이를테면 집의 측면은 마방진의 최외곽 영역, 즉 지식, 직업, 좋은 조언자 영역을 나타냅니다. 또한 부 영역은 현관에서 대각선으로 가장 왼쪽에 있고, 결혼 영역은 대각선으로 오른쪽에 있습니다. 그리고 부 영역과 결혼 영역 사이에 명예 영역이 있고, 집의 중심 양쪽이 가족과 건강, 아이들의 영역입니다(그림14).

부	명예	결혼
가족과 건강	행운을 불러오는 중심부	아이들
지식	직업	좋은 조언자와 여행

현관을 기준으로 대각선 **왼쪽** 끝이 부 영역,
대각선 **오른쪽** 끝이 결혼 영역

그림 14 팔괘의 의미

부 Wealth

사실 부(富)는 행복과는 거의 관련이 없습니다. 하지만 좀더 풍요롭게 살고자 한다면 이 영역을 활성화할 필요가 있습니다. 돈이 있어서 좀더 행복한 삶을 누리고 싶다면 지금 당장 부 영역을 활성화해야 합니다.

부 영역을 활성화하려면 부 영역으로 상서로운 기가 더 많이 들어오게 해야 합니다. 이 말은 부 영역을 환하게 해서 기를 끌어들인다는 말과 같습니다. 전구, 샹들리에, 크리스털 제품, 거울을 적절히 사용하면 부 영역을 활성화해서 부를 축적할 수 있습니다.

또한 돈을 상징하는 풍수 강화 방법을 사용할 수도 있습니다. 빨간 금붕어 여덟 마리와 검은 금붕어 한 마리를 넣은 수족관이나 어항은 그것을 볼 때마나 돈을 떠올리게 하고 동전이 들어 있는 작은 금속 저금통도 같은 기능을 합니다. 책상의 부 영역, 즉 앉은자리에서 왼쪽으로 대각선 끝 지점에 금속 저금통을 놓아두거나 화분 받침 아래에 동전 세 개를 넣어두어도 비슷한 효과를 얻을 수 있습니다.

금속 물건과 둥근 물건은 모두 돈을 상징하며, 부 영역에서는 부를 가져오는 풍수 강화제로 사용됩니다. 이파리가 둥근 식물은 특히 좋습니다. 식물은 계속해서 자라게 마련이고, 자란다는 것은 곧 재물이 늘어난다는 것을 상징하기 때문입니다.

명예Fame

명예 영역은 각자의 환경에서 가지게 되는 위치, 명성과 깊은 관련이 있습니다. 사람들에게 더 많이 알려지고, 더 많이 존경받고 싶다면 명예 영역에 해당되는 곳을 활성화해야 합니다.

명예 영역을 활성화하려면 일단 이 영역을 더 환하게 하고 트로피나 상장 등 자신을 남에게 드러낼 수 있는 물건들을 진열해두어야 합니다. 명예 영역에 수족관, 특히 산소공급장치가 있는 수족관을 설치하면 정말 놀라운 효과를 볼 수 있습니다. 산소가 발생시키는 기포는 명성이 쌓여가는 것을 상징하기 때문입니다.

만약 유명해지고 싶다면 유명 인사와 함께 찍은 사진을 걸어두는 것이 좋습니다. 또 자신이 하고 싶은 일에서 가장 유명한 사람의 사진을 걸어두는 것도 매우 좋습니다. 이를테면 장래에 대통령이 되고 싶다면 자신이 가장 존경하는 대통령의 사진을 걸어놓으면 되고, 최고의 스타가 되고 싶다면 만인의 사랑을 받는 스타의 사진을 걸어놓으면 되는 것입니다.

결혼Marriage

이 영역은 결혼 영역으로 불리기는 하지만 사실 자신과 가깝고 친밀한 사람들과의 관계와도 관련이 있습니다. 특이하게도 중국 사람들은 이 영역에서 잠을 자면 가장이 된다고 믿었는데, 만일 이 영역에 자녀의 침실을 마련했다면 누가 가장이 될지 추측할 수 있겠지요?

인간관계가 자신이 뜻하는 대로 진행되고 있지 않다면, 또는 더욱 잘 되기를 바란다면 이 영역을 좀더 환하게 해서 상서로운 기를 많이 끌어 모아야 합니다.

지금의 인간관계를 좀더 개선하고 싶다면 이 영역에 현재 자신과 관계를 맺고 있는 사람의 오행과 자신의 오행을 연결시킬 수 있는 사물을 두면 됩니다. 상생의 주기에서 두 자연 요소가 인접해 있다면 더 이상 바랄 것이 없습니다. 반대로 두 자연 요소가 상극의 수기에서 인접해 있을 수도 있는데, 이때는 상생의 주기에서 두 사람의 자연 요소 사이에 놓이는 자연 요소와 관련된 물건을 놓아두면 됩니다.

인생을 함께 할 동반자를 원할 때는 사랑과 로망스를 불러일으키는 사물을 진열해야 합니다. 하지만 이때 조심해야 할 사항이 있습니다. 이전의 인간관계를 떠올리게 하는 사진이나 그림은 절대로 두어서는 안 됩니다. 새로운 인간관계가 형성되는 것을 막기 때문입니다.

결혼 영역에 사용하지 않는 침실이 있으면 더블 베드를 들여놓고 거기에서 자주 잠을 자는 것이 좋습니다. 이때 침대는 벽에 붙이지 말고 양쪽에서 자유롭게 오르내리게 배치해야 합니다. 싱글 베드는 배우자를 원하지 않는다는 메시지를 보내는 반면 사용하지 않는 더블 베드는 공허하고 외롭다는 메시지를 보내기 때문입니다.

가족과 건강 Family

가족은 보통 직계 가족을 말하지만, 여기에는 절친한 친구와 선후배 등 친밀한 관계를 유지하는 사람들도 포함됩니다. 가족과의 관계가 소원하거나 친구와 좀더 가까이 지내고 싶을 때는 가족 영역을 활성화해야 합니다. 이 영역을 활성화하려면 상서로운 기가 몰려올 수 있도록 환하게 밝혀두어야 합니다. 또한 분재와 가족사진, 친척이나 친구들에게서 받은 선물을 진열해두는 것도 좋은 방법입니다.

이 영역은 또한 건강과 관련이 있습니다. 건강 상태가 좋지 않은 가족이 있다면 그 사람의 오행을 상생할 수 있는 요소와 관련된 사물을 활용해서 이 영역을 활성화해야 합니다. 그 밖에도 이 영역에 수족관을 설치하거나 강이나 개울 또는 호수 사진을 걸어놓으면 매우 좋습니다.

행운을 불러오는 중심부 Good Luck or Spiritual Center

집에서는 이 영역이 가장 중요합니다. 중앙에 위치해 있어 다른 영역에 영향을 미치기 때문입니다. 대부분의 가족 구성원들은 각각 다른 침실을 사용하고 있는데, 사실 이 영역을 사용하는 것이 가장 이상적입니다. 이 점을 고려할 때 중심부 영역에는 식당이나 거실을 배치하는 것이 제격입니다.

한 가지 명심해야 할 것 있는데, 이 영역에 욕실이나 화장실을 설치해서는 안 된다는 것입니다. 욕실과 화장실에서 생성된 액운을 불러오는 기가 집안 구석구석에 나쁜 영향을 미치기 때문입니다.

아이들 Children

아이들과 갈등을 겪고 있거나 아이를 가지고 싶을 때는 아이들 영역을 활성화하는 것이 좋습니다. 상생의 주기에서 아이들의 오행에 앞서는 자연 요소와 관련된 물건을 놓아두고 가족사진이나 가족이 함께 만든 물건을 진열하는 것도 좋습니다. 아이들이 학교에서 받은 트로피나 상장도 이 영역을 활성화하는 데 도움이 됩니다.

아이가 없어 고민이라면 아이들 영역을 눈에 띄게 환하게 하고 인형 같은 장식물이나 다정다감한 가족을 떠올리게 하는 물건을 진열해서 이 영역을 활성화해야 합니다.

이 영역은 창조성과도 관련이 있기 때문에 창조적인 일을 하고 있다면 이 영역을 활성화해야 합니다. 또한 이 영역은 자신이나 가족 구성원이 만든 물건을 진열하기에 가장 적절한 영역입니다.

지식Knowledge

이 영역은 배움과 관련이 있습니다. 책, 테이프, 컴퓨터, 책상 등 지식이나 교육과 관련된 물건을 진열하기에 적격입니다. 공부에 몰두해야 하거나 지식과 지혜가 필요한 가족들을 정신적으로 도와주고 싶다면 이 영역을 활성화해야 합니다.

직업Career

가족 구성원이 직장에서 승진하게 하려면 직업 영역을 활성화해야 합니다. 우선 이 영역을 환하게 하고 금속 물건을 전시하는 한편 직장에서 일하는 가족의 오행과 관련 있는 물건을 놓아서 활성화할 수 있습니다. 이 영역은 일과 직업을 연상시키는 전화, 컴퓨터, 팩스 등의 물건을 놓기에 제격입니다.

좋은 조언자와 여행Mentors

자신의 삶에 도움이 되는 사람들을 북돋워주려면 이 영역을 활성화해
야 합니다. 학생이 준비가 되어 있어야 선생을 맞이할 수 있는 법입니
다. 따라서 이 영역을 활성화하면 좀더 빨리 조언과 도움을 받을 수
있습니다. 이 영역은 여행과도 관련이 있습니다. 어딘가를 여행하고
싶다면 여행하고 싶은 장소와 관련 있는 물건을 이 영역에 진열해두
면 되는데, 여행하고 싶은 곳을 찍은 사진이나 공예품 같은 것이 적절
합니다.

* * *

이러한 9가지 생활 영역은 자신의 집에만 한정되는 것이 아니라
저마다의 방향으로 끊임없이 확장됩니다. 부를 추구한다면 현관에서
대각선 방향으로 왼쪽 끝에 있는 가장 먼 방을 활성화해야 합니다. 마
찬가지로 직장에서 승진을 도모한다면 현관문과 마주하는 방을 활성
화해야 합니다.

여기서 한 가지 알아두어야 할 것은 9가지 생활 영역을 동시에 활
성화하지는 못한다는 점입니다. 그러니 일단 자신이 가장 중요하다고
생각하는 영역을 활성화하는 것을 시도해보세요. 한 영역을 활성화할
때는 다른 영역은 활성화하지 말고 3주 정도 꾸준히 기다려야 합니다.

수중에 돈이 있고 돈으로 살 수 있는
물건이 지천으로 있다면 그것은 물
론 좋은 일이다. 그러나 돈으로 살
수 없는 것들을 잃지 않도록 단단히
살펴보는 것도 그에 못지 않게 좋은
일이다.

- 조지 호레이스 로리머(George Horace Lorimer)

제5장
돈을 부르는 풍수법

돈을 부르는 풍수법

최근 텔레비전에서 엄청난 재산을 보유했던 한 부동산 개발업자가 자신의 모든 재산을 잃고 처음 부동산 사업을 일으켰던 조그만 오두막집에서 생의 마지막을 보내는 내용을 방영한 적이 있습니다. 크게 사업을 일으켰다가 결국 오두막집으로 돌아온 그 부자는 돈과 행복은 전혀 상관이 없다는 사실을 무일푼이 되고 나서야 깨달았다고 합니다. 즉, 정원과 수영장이 있는 근사한 대저택에서 사는 것보다 오두막집에서 사는 것이 훨씬 행복했다는 것입니다.

돈이 행복과 아무런 관련이 없다면 왜 이 책에서도 돈에 관한 이야기를 다루는지 의아하게 생각할 수도 있을 것입니다. 하지만 행복과 관련시키지 않고도 돈을 다루는 이유는 많습니다. 또한 풍수가 재물을 모으고 풍요롭게 사는 데 대단히 중요한 기능을 한다는 것만은 부인할 수 없습니다. 돈이 많아지면 더 행복해질 것이라고 믿는 사람들이 이 책에서 제시하는 의견을 그대로 따라 재물의 축복을 누릴 수 있기를 바랍니다.

많은 사람들은 조상, 특히 조상의 제사를 잘 모시고 자손들에게 많은 재산을 물려주어야 비로소 인생에서 할 일을 제대로 한 것이라고 여깁니다. 조상의 묘자리가 자손들의 행복과 번영에 커다란 영향을 미친다고 믿어, 묘자리에 관한 풍수 역시 상당히 발전해왔습니다. 즉 명당에 묘를 두면 집안 대대로 명예를 누리고, 사람들에게 존경을 받고, 부유해지며, 만사가 잘 풀려서 행복하게 장수를 누릴 수 있다는 것입니다.

중국 혁명의 아버지로 불리는 쑨원(孫文)이 인생에서 큰 성공을 거둔 것도 바로 어머니의 묘를 잘 썼기 때문이라는 말이 있습니다. 그래서 심지어 출세에 대한 욕망이 강한 사람들이 가족묘를 쑨원의 어머니 묘소 가까이로 옮겼다는 이야기도 전해집니다. 뛰어난 풍수의 혜택을 조금이라도 얻고자 하는 마음에서 그러한 행동을 한 것입니다. 중국 사람들은 또 타이완 정부를 세운 장제스(蔣介石) 총통이 성공한 것 역시 어머니의 묘소를 잘 쓴 덕분이라고 믿습니다. 공산당이 어머니의 묘를 파헤치자 장제스가 몰락하기 시작했으니 그렇지 않다고 말하기도 어려울 것입니다.

사실 행복은 마음먹기에 달려 있습니다. 어떤 환경에서든 행복하게 살겠다는 마음 자세, 의지가 가장 중요합니다. 물론 마음속에 두고 있는 가까운 사람들이 병을 앓고 있다거나 도산을 해서 집이 날아갈 상황에 있다면 행복하게 생활하기 어려울 것입니다. 그러나 어떤 상황에서도 긍정적으로 바라보고 적극적으로 행동한다면 그 속에서 행복을 찾을 수 있을 것입니다. 그러한 마음가짐은 스스로를 도울 뿐만 아니라 가까운 사람들의 정신력도 강화시켜주기 때문입니다.

물Fountain

'집의 풍수'에서 이미 살펴본 것처럼 좀더 많은 재물을 얻고 싶다면 집의 부 영역을 활성화해야 합니다. 그런데 야망이 대단히 많고 엄청난 재물을 누리고 싶다면 부 영역을 활성화하는 것 이상으로 큰 노력을 기울여야 할 것입니다.

풍수에서는 천천히 흐르는 물을 항상 돈과 관련해 생각해왔습니다. 천천히 흐르는 물은 상서로운 기를 생성하고 주위의 토양을 비옥하게 만듭니다. 천천히 흐르는 물은 그것이 한눈에 보이는 집에 행운, 행복, 부를 가져다 주는 자석 역할을 합니다. 따라서 많은 사람들은 호수나 강, 바다 등 물이 보이는 전경이 탁 트인 집에서 살고 싶어하고, 그런 전망 좋은 집은 그렇지 못한 집보다 가격이 훨씬 비쌉니다.

물이라는 자연 요소는 모든 사람에게 영향을 미칩니다. 상생의

주기에서 금속은 녹아서 물이 되고(金生水), 물은 나무를 자라게 합
니다(水生木). 이러한 세 가지 자연 요소는 상생의 주기에서 연이어
위치하며 서로 조화를 이룹니다. 자신의 오행이 금속이나 물, 나무에
해당하는 사람이 자신의 집에 물이 있을 때 상당한 혜택을 누릴 수 있
는 것도 모두 이 때문입니다.

불과 흙에 해당되는 사람은 상극의 주기에서 불과 흙이 물과 부
정적으로 연결되기 때문에 물의 번성함이 주는 혜택을 누릴 수 없으
리라고 생각할 수 있습니다. 그러나 이러한 현상은 고정불변의 것이
아닙니다. 이를테면 상극의 주기에서처럼 흙은 물의 흐름을 방해하지
만(土剋水), 물은 흙을 비옥하게 할 수도 있습니다. 상극의 주기에서
물은 불을 끄지만(水剋火), 불은 물을 끓여서 수증기를 생성시킵니
다. 이렇게 볼 때 자신이 어떤 자연 요소에 해당하든 물을 잘 이용하
면 번영을 누릴 수가 있습니다.

앞에서 말한 대로 천천히 흐르는 물은 부를 불러오지만 급류는
그 반대 현상을 일으킵니다. 즉, 급류는 비옥한 토지를 황폐하게 만들
고 파괴를 불러오며 상서로운 기를 없애는 한편 사람들에게서 모든
것을 빼앗아갈 수도 있습니다. 또한 괴어 있거나 오염된 물은 액운을
불러오는 기를 생성하면서 건강 상태에 심각한 해를 가져올 수가 있
습니다. 그렇다면 물을 어떻게 써야 할까요?

많은 사람들이 풍수의 관점에서 바다 가까이에 살면 무척 좋을 것이라고 생각합니다. 물론 맞는 말입니다. 넓고 평온한 바다가 한눈에 들어오는 집에서 사는 것만큼 기쁜 일도 없을 것입니다. 그러나 집이 지나치게 바다 가까이에 있어 해변을 거칠게 갉아먹는 파도의 위협에 항상 노출되어 있다면 상상할 수 없을 만큼 심각한 액운의 기를 받게 됩니다. 잘못하다가는 상서로운 기를 하나도 남김없이 없애버리는 엄청난 파도와 바람으로 심한 피해를 입을 수도 있는 것입니다.

그럼에도 불구하고 개울, 강, 호수, 항구 또는 바다는 최고의 물이고, 집 앞에는 물이 있어야 합니다. 다시 말해서 개울이나 강, 호수, 바다가 한눈에 들어오는 자리에 지은 집이 가장 이상적이라고 할 수 있습니다. 눈에 보이는 물은 손에 잡을 수 있는, 재물을 벌어들일 수 있는 기회를 나타내기 때문입니다.

이와는 달리 집 뒤쪽으로 물이 흐른다면 그것은 볼 수는 있지만 잡을 수는 없는 그런 재물을 나타냅니다. 그래서 집 뒤쪽으로 흐르는 개울물이나 강물이 보이지 않게 담을 실치하는 것이 좋을 때도 있습니다. 놓쳐버린 기회에 대한 좌절감을 그 담이 사전에 효과적으로 차단시켜줄 수 있기 때문입니다. 이것은 사악한 기운을 가리기 위해 벽을 설치하는 것과 같은 이치라고 할 수 있습니다. 사라지는 기회를 볼 수 없으면 아쉬움도 남지 않을 테니까요.

집터는 개울이나 강이 곧바로 집을 향하지 않는 지점에 잡아야 합니다. 개울이나 강이 잠재적으로 해를 일으키는 사악한 기운을 생성하기 때문입니다. 그리고 집 앞으로 흐르는 개울이나 강물은 직선으로 흐르는 것보다는 굽이쳐 흐르는 것이 좋다는 것도 유의할 사항입니다. 또한 여름철에 쉽게 말라버리는 개울이나 강은 아무래도 좋지 않습니다. 물이 마른다는 것은 곧 돈이 말라버린다는 뜻이기 때문입니다.

개울이나 강물은 항상 깨끗해야 하며, 부드럽게 흘러야 합니다. 더럽고 오염되어 악취가 나거나 괴어 있는 물은 재정적 손실을 일으킬 수 있는 부정적인 기를 생성하기 때문입니다. 그런데 더러운 물이라고 해서 무조건 부정적으로 생각할 필요는 없습니다. 정화를 해서 쓸 수도 있으니까요. 만약 정화가 가능하다면 재정상의 이익이 몰라보게 커져서 엄청난 결과를 얻을 수 있습니다.

물을 활용한 풍수 교정법Fish Pond

이처럼 물은 매우 중요하지만 현실적으로 대부분의 사람들은 자연스럽게 흘러가는 개울이나 강물이 한눈에 보이는 집에서 사는 행운을 누리지 못합니다. 그런데 그렇다고 해서 속상해 할 필요는 없습니다. 실내 · 외에 분수를 설치하거나 작은 연못을 만들고, 수영장 또는 인공 폭포를 설치해서 물이 가져다주는 재정적인 유익을 충분히 누릴

수도 있기 때문입니다. 비록 인공 시설물이기는 하지만 분수나 연못
등은 자연스럽게 흐르는 물과 마찬가지로 상서로울 뿐 아니라 기와
부를 가져다줄 수도 있습니다. 인공 시설물은 집의 크기와 주변 환경
과 조화를 이루고 아름다워야 한다는 점도 알아두어야 합니다.

수족관

요즘 수족관을 설치하는 가정이 늘고 있습니다. 수족관은 행복한 생
활과 인생에서의 성공, 물질의 축복을 보장해주는 한편 재앙을 면하
게 하는 역할을 합니다. 특히 수족관에 빨간 금붕어 여덟 마리와 검은
금붕어 한 마리를 넣어두면 매우 길합니다. 물과 금빛 색상은 돈을 상
징하고, 8은 가까운 미래에 쌓이는 재물을 상징하며, 검은 금붕어는
보호를 상징하기 때문입니다. 화가들이 물고기 아홉 마리가 있는 그
림을 즐겨 그리기는 것도 같은 이유에서입니다.

　　옛부터 동양에서는 물고기를 보면서 돈을 먼저 떠올렸습니다. 이
는 일종의 금언입니다. 사무실에 '날마다 돈이 쌓인다!'라는 액자를
걸어두거나 책상의 부 영역에 작은 금속 저금통을 놓아두고 자신의
사업이 성공할 것이라는 무언의 암시를 받는 것입니다.

분수

일반적으로 분수는 상서로운 기와 함께 엄청난 부를 가져옵니다. 요

즘에는 예전과는 달리 분수의 종류가 다양해져서 각자의 취향에 맞는 분수를 선택할 수 있으며, 실외뿐만 아니라 실내 분수를 활용할 수도 있게 되었습니다. 그런데 무엇보다 중요한 점은 분수를 항상 켜두어야 한다는 것입니다. 그래야만 돈이 계속 흘러 들어오기 때문입니다. 꺼놓은 분수는 가뭄이 들어 말라붙은 강과 다름없다는 점을 항상 기억하기 바랍니다. 물과 전기를 절약하기 위해 손님이 오실 때에만 틀어둔다거나 하면 오히려 예상치 못한 액운이 생길 가능성이 있습니다. 이처럼 풍수는 정확히 알고 적절히 활용하는 것이 무엇보다 중요합니다.

연못

연못은 여러 가지 면에서 뛰어난 기능을 합니다. 부와 상서로운 기를 생성하는 물이 가득 차 있고, 전통적으로 발전과 풍요, 엄청난 부를 상징하는 물고기가 살고 있기 때문입니다.

예전에는 과거에 급제하지 못하면 입신양명(立身揚名)을 이룰 수 없었습니다. 그래서 산란을 하기 위해 강을 거슬러 올라가는 물고기를 보면서 입신양명을 하려면 과거에 급제해야 한다는 사실을 떠올렸다고 합니다. 물고기는 열심히 노력해서 얻은 성공, 즉 입신양명을 상징했던 것입니다.

금붕어는 색상이 화려하기 때문에 많은 사람들이 관상용으로 기르고 있는데, 어떤 물고기를 길러도 상관은 없습니다. 특히 잉어의 경우 중국어로 '부를 소유하다' 라는 말과 발음이 같기 때문에 좀더 길한 것으로 알려져 있습니다.

연못에서 물고기를 기를 때는 연못의 주변 환경과 물고기에 대해 각별히 신경을 써야 합니다. 더럽고 악취가 나는 물은 부정적인 기를 생성하고 재물을 잃을 가능성을 상징하기 때문입니다.

연못은 규모가 작더라도 보기에 좋아야 합니다. 또한 물고기를 지나치게 많이 기르는 것은 좋지 않으며, 앞에서 설명한 것처럼 9마리가 적당합니다. 간혹 물고기가 죽더라도 불운이 닥칠지 모른다고 걱정하지 말고 죽은 물고기 대신 다른 물고기를 채워주면 됩니다. 금붕어가 죽으면 가족에게 예정된 불운을 없애주는 것이니까요.

수영장

수영장은 풍수의 관점에서 여전히 논쟁을 일으키는 대상입니다. 수영장이 제대로 역할을 하려면 상당히 많은 물이 필요한데, 지나치게 많은 물은 오행의 균형을 깨뜨릴 수도 있기 때문입니다. 특히 집 뒤편에 있는 수영장은 잠재적으로 대단히 위험한 것으로 여겨져왔습니다. 따라서 수영장을 설치할 때는 집의 측면이나 정면에 배치해야 합니다.

수영장의 모양도 상서로운 기를 불러오고 사악한 기운을 없애는

데 매우 중요한 역할을 합니다. 수영장의 모양은 풍수에서 자주 언급
되는 계란 모양이나 콩팥 모양이 가장 좋습니다. 정사각형이나 직사
각형 수영장은 네 구석에서 사기가 생기는데, 이 사기가 집으로 향할
경우 집주인의 행복과 안녕에 악영향을 미칠 수 있습니다.

　풍수의 관점에서는 대형 수영장보다 소형 수영장이 좋은데, 물이
적게 들어가기 때문입니다. 또한 콩팥 모양의 수영장은 집에서 떨어
져 있는 것보다 집을 살포시 껴안고 있는 것처럼 보여야 한다는 점도
기억해두십시오.

수반

수반(水盤 : 사기나 쇠붙이로 만든 바닥이 편평하고 높이가 낮은 그
릇)에는 비교적 적은 양의 물이 담기지만 멋진 자리에 놓아두면 집안
에 재물복을 불러옵니다. 수반에 담긴 물은 항상 청결해야 하며, 수반
은 상서로운 곳에 두어야 합니다. 집 안팎 어디서나 볼 수 있고 상서
로운 기를 풍성하게 생성할 수 있는 정원 중앙에 설치하는 것도 좋을
것입니다.

　풍수의 관점에서 보면 살아 있는 생물 역시 상서로운 기를 불러
오는 역할을 합니다. 특히 수반에서 앙증맞게 지저귀며 노는 새들은
대단히 상서로운 기를 불러모을 것입니다.

원형 물건

동전이 대개 둥근 것처럼 원형의 물건은 돈과 관련이 있습니다. 그래서 직사각형 또는 정사각형 식탁보다 둥근 모양이나 달걀 모양의 식탁을 배치하면 돈을 모을 가능성이 높아집니다. 한편 돈을 상징하는 과일로는 귤과 오렌지만한 것이 없습니다. 돈처럼 원형인 데다가 황금빛을 띠기 때문입니다.

즐겁게 재물 모으기

재물을 모으면서 즐거운 마음을 갖는 것은 매우 중요합니다. 최선을 다해 일하고, 그 대가를 기쁘게 받아들여야 합니다. 그러면 바쁠수록 오히려 신이 나서 열심히 일하게 되고, 결과적으로 손님이 늘어나 많은 재물을 모을 수 있게 되는 것입니다.

그렇다고 해서 절대로 억지웃음을 지어서는 안 됩니다. 신이 나서 열심히 일하고, 힘들게 일한 만큼 행복해지며, 행복해서 미소를 짓게 되는 과정이 자연스럽게 일어나야 합니다. 마음에서 우러난 미소야말로 성공의 비결이라 할 수 있으며, 또한 뛰어난 풍수이기도 합니다. 문제를 일으키는 기를 잠재우고, 행복을 불러오며, 더할 나위 없이 좋은 작업 환경을 만들기 때문입니다. 미소를 지으면 재물이 쉽게 쌓인다는 것을 깨닫는다면 즐겁게 재물을 모을 수 있을 것입니다.

건강이야말로 삶을 한꺼번에 생기
있게 만드는 정기이다. 건강을 잃으
면 삶의 기쁨이 사라지고 그 풍미를
잃게 된다.

- 윌리엄 템플(William Temple)

제6장
건강을 위한 풍수

건강을 위한 풍수

건강은 행복한 삶에 없어서는 안 될 중요한 요소입니다. 지병 때문에 육체적으로 고통을 겪으면서도 평화롭고 행복하게 살아가는 사람들도 있기는 하지만, 육체적으로 건강한 사람이 더 행복하게 사는 것은 당연한 이치입니다. 풍수는 건강을 증진시키는 환경을 조성하는 데 큰 영향을 미칩니다. 또 어떤 집에 사는지에 따라 그 집에 사는 사람들의 건강과 행복도 상당한 영향을 받습니다.

적색이나 흑색으로 칠한 침실에서 잠을 잔다고 생각해보세요.
창문이 모두 닫힌 전혀 환기가 되지 않는 집에 산다고 생각해보세요.
도둑이 무서워 하루종일 문을 잠그고 산다고 생각해보세요.

너무 심한 예라는 생각이 들 수도 있을 것입니다. 그런데 사실은 자기

집의 풍수가 어떤지 살펴봐달라는 사람들의 집을 방문해보면 지금 든
예가 오히려 낫다 싶은 경우가 많습니다. 따라서 그런 환경에서 살아
가는 사람들의 건강이 결국 악화되고 마는 것도 그리 놀랄 일이 아닌
것입니다.

기의 흐름 느끼기

건강에 문제를 일으킬 만한 잠재적 요소를 집안에서 확인하는 비결이
있는데, 손바닥 뒤집는 것처럼 쉬울 뿐만 아니라 비용도 전혀 들지 않
습니다. 그저 이제까지와는 전혀 다른 눈으로 집을 둘러보면 됩니다.
새로 집을 계약할 때처럼 집안을 천천히 걸어보세요. 기가 흐르는 경
로를 따라가듯이 집안 구석구석을 천천히 걸어다니면서 기가 막히지
않고 잘 흐르는지를 살펴보는 것입니다. 채광이 적절한지, 환기가 잘
되는지 확인하세요. 그러다가 잠시 멈춰 서서 실내 분위기를 직감적
으로 느껴보세요. 마음을 가라앉히고 가만히 생각에 잠겨 있으면 무
엇이 필요한지 저절로 느끼게 될 것입니다.

　분위기를 직감적으로 느끼는 데 초자연적인 요소나 기묘한 요소
는 필요 없습니다. 풍수를 중요하게 여기는 사람들은 항상 직감에 몸
을 맡겨왔습니다. 누구나 집안을 자세하게 살피면 잘못된 점이 무엇
인지 느낄 수 있습니다. 마음을 가라앉히고 깊은 생각에 잠겨 가만히

실내에서 나는 소리에 귀를 기울여보세요. 그리고 어떤 점을 교정해야 하는지 잘 생각해보세요. 물이 새는 수도꼭지, 제대로 열리지 않는 문과 창문, 그리고 좌절감을 불러일으키는 물건은 무엇이든 부정적인 기를 만들어냅니다. 그렇게 문제되는 것들을 교정하고 나면 삶이 행복해지고 건강도 몰라보게 좋아집니다.

특히 건강이 좋지 않은 사람의 경우 침실은 되도록 환하게 하고, 낮에는 창문을 활짝 열어 환기를 시키며, 햇볕을 많이 받게 해야 합니다. 그러면 상서로운 기가 엄청나게 들어오게 됩니다. 또 화분이나 분재로 건강을 증진시키는 방법이나 상생의 주기를 활용하는 방법을 활용할 수도 있습니다.

자신만의 건강법 찾기 How to keep fit

자신의 건강 상태에 대해 어느 정도나 만족하고 계십니까? 현대인들 가운데 자신의 건강을 확신하는 사람은 거의 없을 것입니다. 또한 내 부분의 사람들이 건강을 위해 운동을 해야겠다고 생각은 정작 실천에 옮기기는 쉽지 않습니다.

육체적으로 건강하면 모든 것을 긍정적으로 바라보게 됩니다. 그런 긍정적 태도는 다른 사람들의 눈에도 좋아 보일 뿐 아니라 스스로에게도 매우 좋습니다. 자부심이 강해져 현재 하고 있는 일에 최선을 다하게 되고 해보지 못한 것을 해보려는 도전 의식도 강해지기 때문입니다.

그러나 자신에게 적당한 운동을 신중하게 선택하는 것이 중요합니다. 자칫 욕심만 앞세웠다가 오히려 건강을 해치는 결과가 발생할 수도 있기 때문입니다. 주위에서 단기간에 매력적이고 탄력 있는 몸매를 만들고 싶다는 욕심에 러닝머신을 구입했다가 후회하는 사람들을 쉽게 볼 수 있을 것입니다. 그런 사람들은 처음에는 굳게 결심하고 러닝머신을 사지만, 운동을 시작한 지 얼마 지나지 않아 구석에 처박아 두어 무용지물로 만들어버리고 맙니다. 먼저 그 운동이 자신에게 잘 맞는지 알아보기 위해 한두 달 정도 헬스클럽에서 러닝머신을 사용해본다면 그런 후회는 하지 않을 것입니다.

신체의 건강은 그 사람의 안녕과 행복에 큰 영향을 미칩니다. 건강을 유지하기 위해서는 먹는 음식에도 주의를 기울여야 합니다. 이때 무엇보다도 중요한 것은 지방 섭취량을 줄이는 것입니다. 사실 배가 부르다고 뇌에 신호를 보내는 것은 바로 탄수화물입니다. 식사 때 지방이 많이 들어간 음식을 먹는다 해도 우리의 몸은 그 차이를 느끼지 못합니다. 따라서 지방의 양을 천천히 줄이면 오랜 시간에 거쳐 몸에 축적되어 있는 지방이 줄어들게 됩니다. 따라서 지방이 들어 있는 음식은 입맛을 돋우는 정도만 섭취하는 것이 좋습니다.

자신의 신체가 건강한지를 우선적으로 생각해야 합니다. 사실 현대인들은 정작 자신의 신체에 필요한 것보다는 자동차에 필요한 것에 더 신경을 쓰는 경우가 많습니다. 몸에 이상이 있다고 생각되면 지체 하지 말고 의사를 찾아가세요. 그리고 정기적으로 건강을 점검하세 요. 흡연자라면 자신의 건강을 위해, 가족의 건강을 위해 과감하게 담 배를 끊어야 할 것입니다. 먼저 적당한 운동을 하고, 자신의 건강에 신경을 쓰다보면 행복하고 품위 있게 생활을 영위할 수 있을 뿐만 아 니라 모든 일이 잘 풀리게 될 것입니다.

인생 최고의 기쁨은 단연 사랑이라네.

- 윌리엄 템플(William Temple)

제7장
사랑과 인간관계

사랑과 인간관계

자신의 삶이 완벽하다고 느낄 수 있을 만큼 행복하려면 누군가를 사랑해야 하고, 그에게서 사랑을 받아야 합니다.

이혼과 가정 폭력에 대한 통계를 보면 소름이 끼칠 정도입니다. 이혼을 하거나 가정에서 폭력을 일삼는 사람들도 처음에는 뜨겁게 사랑했다는 사실을 생각하면 더 가슴이 아픕니다. 뜨거운 사랑으로 맺은 부부관계가 왜 이혼이라는 비극으로 치달을 수밖에 없을까요?

안타깝게도 많은 사람들이 엄청난 기대를 가지고 결혼 생활을 시작합니다. 그들은 은행 대출금 상환 문제나 자녀 문제, 법적인 문제 그리고 그밖에 살아가면서 발생하는 스트레스가 두 사람의 관계에 좋지 않은 영향을 미칠 수도 있다는 것을 꿈에도 생각하지 못합니다. 물론 똑같이 어려운 상황에서도 검은머리가 파뿌리가 될 때까지 백년해로하는 부부들도 많습니다.

그런데 백년해로를 하는 부부들은 파경으로 치닫고 마는 부부들과 정말 처음부터 유별나게 다른 것일까요? 그렇지는 않을 것입니다. 시간이 지날수록 더 좋은 관계로 발전하는 부부들은 언제나 상대에게 최선을 다한다고 합니다. 그들은 배우자를 있는 그대로 받아들이며, 굳이 자기 식대로 변화시키려고 애쓰지 않습니다. 뿐만 아니라 서로에게 고마움을 느끼고 자신의 의견을 기탄 없이 말하는 반면 상대방의 말에도 충분히 귀를 기울여서 고칠 점은 수긍하고 받아들입니다.

행복한 부부관계를 위한 조언 Happy conjugal relations

삶에 대한 뚜렷한 목표 없이 부부관계를 유지한다면 행복해지기 어렵습니다. 사랑이 식어서 한때 뜨거웠던 관계가 소원해졌다면 두 사람 모두에게 책임이 있습니다. 부부관계에 문제가 있다면 배우자와 함께 하기를 진심으로 원했던 그 순간으로 돌아가보세요. 서로 최선을 다해 노력한다면 부부관계는 다시 좋아질 수 있습니다. 결혼 관계를 유지하겠다는 마음이 있다면 늦은 게 아닙니다.

가끔씩 상대방을 놀라게 하거나 감격하게 만드는 이벤트도 부부관계에 도움이 됩니다. 이벤트라고 해서 거창하게 생각할 필요도 없고, 돈을 많이 들일 필요도 없습니다. 퇴근길에 꽃집에 들러 아내가 좋아하는 꽃을 한아름 사들고 오는 정도로도 충분합니다.

언젠가 부부관계가 소원해진 친구가 답답하고 안타까운 심정을 토로한 적이 있는데, 그에게 아내가 놀랄 만한 이벤트를 마련하라고 조언을 해주었습니다. 그 친구는 어느 날 아내의 직장 상사에게 본인 모르게 아내를 오후 근무에서 빼달라고 정중하게 부탁했고, 직장 상사는 그것을 흔쾌히 받아주었습니다. 드디어 약속한 날 오후 그는 음식과 샴페인이 든 소풍 가방을 들고 아내가 일하는 사무실에 들렀습니다. 그리고 아내와 함께 호수로 놀러가서 오랜만에 즐거운 시간을 보냈습니다. 그 일이 있은 지 벌써 몇 년이 지났는데도 그의 아내는 지금도 종종 그때의 추억에 젖어든다고 합니다. 그 부부는 지금 잉꼬 부부로 살아가고 있습니다. 친구는 내게 그날 오후부터 두 사람이 서로에 대해서 진실로 교감하기 시작했다고 말했습니다.

결혼 영역 활성화하기

9가지 생활 영역에서 결혼 영역은 현관에서 대각선 가장 오른쪽에 있다는 것을 기억하세요. 기존의 인간관계를 돈독히 하거나 새로운 관계를 맺고자 한다면 결혼 영역을 활성화해야 합니다. 상생의 주기를 활용해 이 영역을 활성화하면 잃어버렸던 열정을 되살릴 수 있습니다. 이를테면 불에 해당되는 사람은 이 구역에 나무와 관련된 것을 갖다 놓아야 하는데, 열정을 좀더 빨리, 그리고 쉽게 되살리기 위해서는 화분이나 생화가 좋습니다.

그러나 너무 지나치지 않게 각별히 신경을 써야 합니다. 몇 년 전 갈등을 겪고 있는 부부의 집에 찾아가 풍수를 살펴본 적이 있습니다. 남편은 불, 아내는 금속에 해당하는 부부였습니다. 그런데 남편은 부인과 좋은 관계를 유지하고 싶은 욕심이 너무 컸던 나머지 벽을 모두 녹색으로 칠하고, 실내는 걸어다니기도 힘들 만큼 분재로 가득 채웠습니다. 그러자 남편의 정력은 몰라보게 좋아졌지만 이상하게도 부인은 이전보다 차가워졌습니다. 나는 나무에 관련된 것들은 줄이고, 두 사람과 조화를 이루는 흙과 관련된 것들로 대체하게 했습니다. 불은 흙을 생산하며(火生土), 흙은 금속을 만드는(土生金) 것이니까요.

잡동사니 정리하기

결혼 영역에는 기가 자유롭게 흘러야 하기 때문에 잡동사니가 많아서는 절대 안 됩니다. 얼마 전 어느 집의 풍수를 살펴보았는데, 정말 말이 나오지 않았습니다. 결혼 영역에 물건을 쌓아두는 창고가 있었던 것입니다. 더욱이 아예 기가 들어오지 못하게 할 작정인지 창문은 모두 꼭꼭 닫아 두었고, 드나드는 일이 없는지 문도 닫혀 있었습니다. 물론 먼지가 켜켜이 쌓여 있는 것은 말할 필요도 없습니다.

창고에는 실패한 사업과 관련된 물건들이 가득 차 있었습니다. 부인은 결혼이 파국으로 치닫고 있으며, 집이 자신들에게는 '불행만' 안겨주었다고 답답한 심정을 털어놓았습니다. 나는 그녀에게 창고를 깔끔하게 치우고 나서 다시 꾸민 다음 자주 사용하라고 권했습니다. 남편은 나의 조언에 심드렁했지만 부부사이를 어렵게 만들었던 창고를 깔끔하게 정리하기가 무섭게 정말 부부사이가 좋아지자 좋아서 입을 다물지 못했습니다.

이 일화는 상서로운 기를 집안의 결혼 영역에 자유로이 흐르게 하는 것이 얼마나 중요한 일인지를 단적으로 보여줍니다. 이처럼 상서로운 기가 집안으로 자유로이 흐르게 하려면 이 영역을 최대한 환하게 해야 합니다. 이 영역에 있는 침실은 안락하고 즐거운 마음을 느낄 수 있도록 매력적으로 보여야 합니다. 그리고 침대는 로맨틱한 부부관계를 위해 침대 양쪽에 물건을 두지 말고 편안하게 오르내릴 수 있게 해야 합니다.

원만한 인간관계를 위한 조언 Harmony human relations

결혼 영역은 절친한 인간관계에도 적용됩니다. 이를테면 파트너와 사업을 하고 있는 경우에도 집안의 결혼 영역을 활성화하면 파트너와의 관계가 한층 좋아집니다. 또한 새로운 사업 구상을 제안할 때도 이 구역을 활성화해야 합니다.

대부분의 로맨틱하지 않은 인간관계는 집안의 가족 영역으로 표현됩니다. 그러므로 가족의 영역도 늘 환해야 하며 사람을 반기는 분위기가 물씬 풍겨야 합니다. 의자를 배치해서 손님들이 가벼운 마음으로 찾아올 수 있게 배려하는 것이 좋습니다.

사람은 운명적으로 외롭게 살아갈 수밖에 없는 존재이지만 외로움이 커지면 절망하게 되고, 질병에 걸리게 되며, 때로는 우울증에 시달리기도 하고, 그것이 심해지면 자살에 이르기도 합니다. 하지만 외롭게 살지 않겠다고 마음먹으면 그렇게 됩니다. 물론 노력해야 합니다.

'친구를 사귀려면 먼저 다가가라' 라는 속담대로 상대방에게 먼저 다가가 보십시오. 아파트에 산다면 옆집 사람에게 가볍게 이야기를 건네보세요. 그러다가 평생의 지인으로 발전할 수도 있으니까요. 이 책을 손에서 놓는 순간 이웃에게 먼저 말을 건네보기 바랍니다.

먼저 다가가기

몇 년 전에 겪었던 일화를 소개하겠습니다. 인도에서 체류하던 중 우연찮게도 버스 정류장에서 나이 지긋한 어른과 사귀게 되었습니다. 사실 그분과 나는 아침마다 같은 버스를 기다렸는데, 3개월이 지나도록 서로 말 한마디 건네지 않고 지냈습니다. 그러던 어느 날 아침 나는 그분에게 버스가 보통 때보다 늦게 온다고 가볍게 말을 건넸습니다. 그러자 놀라운 일이 일어났습니다. 내가 먼저 말을 건네자 그분은 몇 개월에 걸쳐 인도에서 차 농장을 경영했던 경험을 보따리 풀 듯 풀어놓았던 것입니다. 그분은 정말 호감이 가는 사람이었고, 우리는 오래잖아 가족 모두가 가깝게 지내는 사이가 되었습니다. 버스 정류장에서 내가 먼저 말을 건네지 않았다면 그분을 알지 못했을 것이고, 내 삶도 지금처럼 풍요롭지 못했을 것입니다.

대부분의 사람들은 먼저 말을 건네는 것에 대해서 두려움을 가지고 있습니다. 사실 나만 해도 그분에게 처음 말을 건네는 데 무려 3개월이 걸렸으니까요. 하지만 그 다음부터는 전혀 어려움이 없었습니다.

일단 친구를 사귀면 계속해서 친구관계를 유지하는 것이 중요합니다. 친구관계는 상호적입니다. 시간이 흐르면서 자기 자신을 친구에게 천천히 보여주고, 그 친구 역시 천천히 자신을 보여주도록 만들어야 합니다. 자신이 이야기를 할 때는 친구가 잘 들어주게 하고 또 친구가 자기 이야기를 할 때에는 잘 들어주세요. 친구를 다정다감하고 친절하게 대해야 합니다.

친구를 있는 그대로 받아들이는 것은 물론 자기 자신도 있는 그대로 받아들이세요. 지금 자신의 최선을 다하는 모습을 최고의 모습으로 받아들이세요. 진정한 친구를 사귀는 법을 안다면 원하는 만큼 많은 친구를 사귈 수 있습니다. 물론 그러려면 지금 당장 먼저 다가가야 합니다.

가족 영역이야말로 친구들과 의사 소통을 하는 데 적격인 장소입니다. 바로 이 영역에서 전화를 할 수도 있고 편지를 하거나 메일을 보낼 수도 있습니다. 또 친구들과 재미있게 놀기에도 좋고, 친구들과 찍은 사진을 진열하기에도 걸맞은 영역입니다.

신앙은 천국에 있는 것들을 자세히
그리는 영혼의 펜이다.
- T. 버브리지(T. Burbridge)

제8장
영성(靈性)

영성(靈性)

영성(靈性)이라는 제목을 보고 왠지 이 책의 주제인 행복과 동떨어져 보인다는 생각을 할지 모르지만 실제로는 그렇지 않습니다. 진정으로 행복한 삶을 누리기 위해서는 죽을 때까지 기대고 살아갈 믿음이나 신앙이 필요합니다. 자신보다 훨씬 위대한 어떤 존재를 믿고 의지하면 인간으로서의 존엄성을 지키면서 고결하게 살 수 있으며, 매사에 막힘이 없이 살 수 있습니다.

모든 신앙은 인간의 바람직한 행동이나 삶과 관련된 가르침을 준다는 점에서 유사성이 있습니다. 신앙을 가진 사람이든 그렇지 않은 사람이든 '정직하라', '이웃을 사랑하라', '대접받고 싶은 만큼 대접하라' 등의 가르침은 다른 사람들과 좋은 관계를 유지하는 데 필요한 지침이 될 수 있습니다.

신앙을 가지고 있다면 독실하고 신실하게 신앙 생활을 해야 합니다. 즉, 다른 사람에게 도움의 손길을 주는 인도적인 활동과 집회에 적극적으로 참여해야 합니다. 신앙 활동에 적극적으로 참여하다 보면 삶이 풍요로워집니다. 이를테면 도움을 원하는 사람에게 도움의 손길을 제공할 수 있으며, 좋은 사람들과 사귈 수도 있고, 믿음이 성장하며, 다른 사람의 본보기가 될 수도 있습니다.

스스로 신앙과는 무관한 삶을 살아가고 있다고 생각할 수도 있습니다. 하지만 쉬지 않고 종교 서적을 읽고, 묵상하고, 다른 사람들과 신앙적인 대화를 나누면 점차 자신만의 인생관을 가지게 되고 영적으로 성장하게 됩니다. 정신과 육체를 단련하고 사회성을 기르듯이 영성도 개발해야 합니다. 현재를 초월해서 영적인 성장을 위해 노력할 때 비로소 풍요로운 삶을 산다고 말할 수 있습니다.

영성을 성장시키는 중심Spiritual Center

풍수에서는 집의 한가운데를 영성을 성장시키는 중심이라고 하는데, 각 방의 중심 역시 그러한 기능을 합니다. 집안의 중심 영역은 가족들이 함께 시간을 보내기에 적절한 곳입니다. 그래서 거실이나 식당을 배치하는 것이 가장 좋습니다. 또한 성스러운 공간으로서도 대단히 뛰어난 곳입니다. 신화 연구가인 조셉 켐벨(Joseph Campbell)은 성스러운 공간이란 바로 기적이 드러날 수 있는 장소라고 말했습니다.

사람들은 예전이나 지금이나 마음을 가라앉히고 자신을 되돌아보며 명상할 수 있는 장소를 가지고 싶어하며, 우주와 조화를 이루며 살고자 했습니다. 집안의 중심이야말로 조용히 마음을 가라앉히고 깊은 생각에 잠겨서 자신의 영성을 회복할 수 있는 장소입니다. 또한 평화와 안온함이 깃들어 있는 작은 오아시스라 할 수 있습니다.

이 중심 영역은 자신이 생각하는 대로 꾸밀 수 있습니다. 나는 앉아 있으면 나도 모르게 마음이 고요해지면서 한없이 편안해지는 안락의자를 이 영역에 두었습니다. 그리고 내 인생에서 가장 중요한 사람들의 사진을 진열해놓았습니다. 성스러운 공간을 마련하는 방법에는 특별한 원칙이 없습니다. 각자 자신의 취향에 따라 꾸미는 것이 원칙이라면 원칙일 것입니다.

내가 아는 한 여성은 부엌의 중심을 성스러운 공간으로 사용하고 있습니다. 그녀는 매우 뛰어난 꽃꽂이 강사인데, 언제나 부엌에서 먼저 꽃꽂이를 하고 난 뒤 다른 곳으로 옮긴다고 합니다. 따라서 그녀에게는 부엌이야말로 자신이 모든 것을 통제하는 공간이며, 자신만의 성스러운 공간인 것입니다. 성스러운 공간이라고 해서 반드시 자신의 집안에 마련할 필요는 없습니다. 집안이나 사무실, 실내나 실외, 장소는 큰 문제가 아닙니다.

내가 잘 아는 한 분은 작업 현장에 자신만의 성스런 공간을 마련해두었다고 합니다. 그는 하루도 빠짐없이 점심 시간이 되면 사무실 문을 걸어 잠그고 몇 분이나마 명상을 합니다. 그는 자신이 사업에서 성공할 수 있었던 것은 비록 짧은 시간이나마 하루도 빠짐없이 모든 문제를 훌훌 털어 버리고 우주와 교감했기 때문이라고 믿고 있습니다.

물 속에 잠기듯 잠시 마음을 가라앉히고 일상 생활에서 겪는 스트레스를 완전히 없애버리면 많은 문제를 해결할 수 있습니다. 어깨를 몇 번 흔들어 주면 뭉쳐 있던 근육이 풀어져서 기분이 상쾌해집니다. 어떤 사람은 자기 최면을 걸어 긴장을 완전히 풀어버리기도 합니다. 자신이 자주 암송하는 기도를 반복하거나 호흡에 집중하면 쉽게 긴장이 풀립니다. 지금 당장 시도해보세요.

그런데 많은 사람들은 좀처럼 그런 시간을 가질 짬이 나지 않는다고 하소연합니다. 하지만 실상 그들의 일상을 들여다보면 자신에게 별로 유익하지 않는 일에 많은 시간을 투자하고 있습니다. 그러나 성스러운 공간에서 마음의 평화를 누리고 난 뒤에는 정신이 맑아지고 힘이 솟아나서 더 많은 것들을 성취할 수 있습니다. 결과적으로 볼 때 성스러운 공간에서 짧은 시간을 보냄으로써 많은 일을 짧은 시간에 해낼 수 있는 것입니다.

집의 영성을 성장시키는 중심을 잘 활성하면 모든 일에 신명이 나고 저절로 즐거워집니다. 이를테면 더 많은 것을 이해하게 되고, 타인의 어려움을 가슴 아프게 여기게 되며, 상대방을 부드럽게 대하게 되고, 사랑으로 감싸안게 됩니다. 굳었던 얼굴과 마음이 풀리고, 더 많이 용서하고, 더 성스럽게 되는 것입니다. 영성이 성장함에 따라 더 행복한 삶을 누릴 수 있다는 점을 기억해두기 바랍니다.

항상 행복한 삶을 영위하겠다고
마음먹으면 외부 환경에 상관없
이 자유로울 수 있다.
- 로버트 루이스 스티븐슨
(Robert Louis Stevenson)

제9장
풍수 교정법

풍수 교정법

풍 수의 가장 유용한 점은 어떤 문제든지 그에 대한 교정법이 있다는 것입니다. 즉, 행복한 삶에 방해가 되는 것이 있을 때는 풍수를 이용해서 그것을 개선할 수 있습니다.

풍수 교정법에는 문제가 있는 영역을 교정하는 교정법과 문제가 없는 영역이지만 더 좋은 기를 얻기 위해 활용하는 교정법이 있습니다. 문제가 없는 영역의 풍수를 더욱 좋게 하는 대표적인 교정법으로 특정 영역을 더욱 환하게 하는 방법이 있습니다. 문제가 있는 영역을 교정하는 방법으로는 팔괘 거울로 사악한 기운을 반사시키는 방법이 대표적입니다.

교정법 가운데는 실내에서 사용하는 방법이 있는가 하면, 실외에서 사용하는 방법도 있습니다. 즉, 팔괘 거울은 실외에서만 사용하고, 크리스털 제품은 실내에서만 사용합니다. 물론 실내 · 외 모든 장소에서 사용하는 교정법도 있습니다.

실외 교정법Outdoor Remedies

식물

나무, 관목, 그리고 울타리를 이용해서 집에 좋지 않은 영향을 미치는 사기를 숨길 수 있습니다. 커다란 나무는 볼품 없는 경관을 적절히 가리고, 바람을 잔잔하게 하며, 소음도 줄여줍니다. 또한 식물은 완전한 평지, 즉 음기가 강한 지형에 양기를 북돋워주기도 합니다. 옛날에는 상징적인 의미로 집 뒤편이나 마을 뒤편에 작은 숲을 조성하기도 했습니다.

나무는 자연스럽게 자랄 수 있도록 어느 정도 거리를 두고 심어야 합니다. 그러기 위해서는 나무를 심기 전에 나무가 어느 정도나 자랄 것인지 알고 있어야 합니다. 또한 나무를 지나치게 집 가까이에 심어도 안 됩니다. 집 가까이에 있는 나무가 성장하면 집 안으로 들어오는 햇빛을 가리게 되고, 그것은 소중하기 이를 데 없는 상서로운 기를 집 안으로 들어오지 못하게 막기 때문입니다.

식물은 성성해야 합니다. 시들시들하거나 썩은 식물은 부정적인 기를 만들기 때문에 빨리 없애야 합니다. 꽃은 종류에 관계없이 모두 상서로우며 엄청난 기를 만들어냅니다. 특히 전통적으로 다섯 가지

꽃, 즉 작약, 국화, 하얀 목련, 난초, 연꽃을 가장 상서로운 꽃으로 여겨 왔습니다. 특별한 풍수적 의미를 지니기 때문입니다.

작약은 가장 행운이 깃들어 있는 꽃으로 부와 명예, 사랑을 상징합니다. 만개한 작약은 엄청난 재물의 축복을 상징하기 때문에 당나라 때는 작약을 '꽃 중의 꽃'으로 여겼으며, 부자와 행복한 사람을 상징했습니다.

국화는 행복과 웃음을 상징하고 안락과 편안한 삶을 상징하기 때문에 실내 · 외를 가리지 않고 뛰어난 풍수 교정 수단으로 사용되었습니다. 국화는 또한 가을을 상징하는 꽃이기도 합니다. 아울러 대나무는 여름, 매화는 겨울, 난은 봄을 상징합니다.

연꽃은 불교에서 성스럽게 여겨온 꽃으로 순수를 상징합니다. 진흙탕에서 자라지만 수면에 제왕다운 모습을 드러내기 때문입니다. 특히 실내에서 기르는 연꽃은 평화, 평온함, 창조성, 영성을 상징합니다.

그 밖에 하얀 목련과 난초는 뛰어난 멋과 부드러움, 여성성을 상징합니다. 한편 정원에서 기르기에는 제라늄만한 꽃이 없습니다. 옛날부터 붉은 제라늄은 번영을, 흰 제라늄은 평화로운 마음과 멋진 꿈을 가져온다고 여겼습니다. 또 호랑가시나무는 남동쪽에 심으면 재물과 복을 불러옵니다. 둥근 것은 어떤 것이든지 돈을 상징하기 때문입니다. 지천으로 깔려 있는 민들레는 돈을 상징하는 대표적인 꽃으로 가족의 건강을 지켜준다고 여겨져 왔습니다.

수선화는 아량과 넓은 마음과 교제를 상징하는데, 지나치게 많이 있을 때는 기를 흐트러뜨릴 수도 있으니 조심스럽게 사용해야 합니다. 장미는 대단히 상서로운 꽃으로, 정원에 홀수로 심으면 집안에 크게 복되고 길한 일이 생깁니다. 또한 튤립, 특히 붉은 튤립은 사랑과 로맨스를 상징합니다. 이처럼 풍수의 관점에서 볼 때 좋지 않은 식물은 하나도 없습니다.

물

물 역시 효과가 뛰어난 실외 교정 수단입니다. 사실 대부분의 대도시에는 양기가 지나치게 많이 흐르고 있습니다. 따라서 조화를 이루며 만족스럽고 행복한 삶을 살고 싶다면 연못 또는 폭포를 설치해서 적절히 음기를 제공해야 합니다. 더불어 연못 또는 폭포 주위에 행운을 불러오는 나무를 심어서 경치까지 좋게 만들면 효과는 더 커질 것입니다.

물은 항상 깨끗하게 유지해야 합니다. 더럽고 괴어 있는 물, 코를 찌르는 악취가 나는 물은 액운을 불러올 수 있기 때문입니다. 물고기가 노니는 연못은 대단히 복되고 길합니다. 물을 제공하는 것은 물론 그 속에 부와 풍요, 승진을 상징하는 물고기가 있기 때문입니다. 특히 중국에서는 잉어를 가장 많이 기르는데, '잉어'와 '부를 소유하다'의 발음을 같기 때문입니다. 또한 잉어는 투지와 정신력을 상징하기도 합니다. 매년 3월이 되면 잉어는 산란을 위해서 황하를 거슬러 올라 갑니다. 학교에서는 잉어와 마찬가지로 사람도 성공하려면 물을 거슬러 올라가는 투지와 정신력이 있어야 한다고 가르칩입니다.

분수는 기를 많이 생성할 뿐만 아니라 돈의 흐름을 상징하기도 합니다. 그래서 큰 건물 주변에 분수를 설치하는 경우가 많은 것입니다. 집에 설치한 실내 · 외 분수 역시 기를 생성해 재물의 축복을 불러 옵니다.

조명

풍수 교정법에서는 모양이 일정치 않은 건물과 대지에 조명을 활용한 교정법을 사용함으로써 놀라운 결과를 만들어내기도 합니다. 이를테면 실외 조명 장치로 L자형 집의 부족한 부분을 보정할 수 있습니다. 대지가 L자 모양인 경우 정사각형 모양을 그렸을 때 부족한 부분과 접하는 구석에 조명 장치를 설치하면 됩니다.

한편 집 뒤편에 선치한 조명 장치도 모양이 완벽하지 않은 대지를 보정하는 데 큰 효과가 있습니다. 조명 장치는 또한 외관상으로도 한쪽으로 치우친 집을 균형 잡힌 형태로 보이게 합니다.

팔괘 거울

팔괘 거울로 사악한 기운을 그것이 비롯된 곳으로 되돌려 보낼 수 있

습니다. 예전부터 거울은 음기와 수동성을 상징한 반면 팔괘 거울은 양기인 동시에 공격적인 것으로 여겨져왔습니다. 따라서 팔괘 거울은 조심스럽게 사용해야 합니다. 풍수에 문제가 있을 때는 다른 방법을 모두 강구해본 다음에 마지막으로 사용하는 것이 좋습니다.

실내 교정법Indoor Remedies

조명 장치
빛을 받아들이거나 반사시키는 것이면 종류에 상관없이 교정 수단으로 사용할 수 있습니다. 조명 장치나 크리스털 물건, 거울은 효과가 대단히 뛰어난 풍수 교정 수단으로 어두운 구석이나 활성화하고 싶은 영역에 기를 불어넣을 때 사용합니다.

거울을 사용해서 집 밖의 그림 같은 멋진 경치를 실내로 가져올 수 있습니다. 집 앞으로 여울이 굽이쳐 흐르거나 놓치고 싶지 않은 풍경이 보이면 거울에 비치게 해서 상서로운 기를 집으로 끌어들일 수 있습니다.

거울로 보면 사물은 원래보다 2배쯤 크게 보입니다. 그래서 거울을 설치하면 좁은 실내가 널찍하게 보이는 효과가 있고, 식탁에 차려진 음식도 풍성해 보여서 한층 풍요로움을 느낄 수 있습니다. 또한 튀어나온 두 개의 벽에 거울을 설치해 각을 없애는 방법으로 사악한 기운을 쫓을 수 있습니다.

거울은 클수록 좋습니다. 거울이 작으면 몸통만 보여서 머리와 다리가 잘려나간 듯한 느낌을 주기 때문입니다. 어쨌든 거울은 크기가 작든 크든 모두 유익하며, 많아서 나쁠 것도 없습니다.

크리스털 물건 역시 상서로운 기를 끌어모으고 그 기를 사방으로 발산하는 대단히 뛰어난 교정 수단입니다. 크리스털 샹들리에는 상서로운 기를 불러모으는 대표적인 교정 수단이고, 크리스털 꽃병과 문진(책장이나 종이가 바람에 날리지 않게 눌러두는 물건), 크리스털 장식품은 조화와 만족감, 행복을 자아내는 최고의 수단으로 꼽힙니다.

식물

식물은 실내 · 외를 불문하고 복되고 길한 기를 강하게 불러오므로 정성을 다해 보살펴야 합니다. 식물이 싱싱하게 잘 자라야 좋은 기를 많이 불러올 수 있습니다. 분재와 생화는 엄청난 기를 생성할 뿐만 아니라 외관상으로도 상큼한 분위기를 연출합니다.

매우 정교하게 잘 만든 인조 식물은 살아 있는 식물과 비슷한 효과를 낼 수 있지만, 먼지가 쌓이지 않게 잘 보살펴야 합니다. 시들어 마른 꽃은 물론 피해야 합니다. 물기가 완전히 빠진 마른 꽃은 부정적인 기를 많이 생성하기 때문입니다.

식물은 기를 불러일으키는 기능을 하는 것 외에 생명, 성장, 상승을 상징합니다. 또한 날카로운 각도나 기다란 복도에 의해 생긴 잠재적인 사기를 없애주기도 합니다. 생화는 특히 결혼, 가족과 건강 및 조언자와 여행의 영역을 활성화하는 데 뛰어난 효과를 발휘합니다.

물과 물고기

물은 풍수에서 매우 긍정적으로 여기는 요소입니다. 하지만 지나치게 물을 많이 사용해서는 안 되고, 특히 자신의 오행이 불에 해당하는 경우에는 주의해야 합니다. 최근 들어 실내에 소형 분수를 설치하는 집이 많은데, 분수는 복되고 길한 기를 대단히 많이 생성합니다. 또한 집안 분위기를 신선하게 해주며, 생기를 불어넣어 줍니다.

돈을 상징하는 물과 발전을 상징하는 물고기가 노니는 수족관은 효과가 뛰어난 교정 수단입니다. 식물과 마찬가지로 물고기는 생동감과 생명력을 느끼게 하고 발전과 부, 풍요를 상징합니다. 사찰에 가면 마당에 있는 연못에서 거북이와 금붕어가 노니는 것을 많이 볼 수 있습니다. 거북이는 장수를 상징하고 물고기는 부를 상징하기 때문입니다. 또 물고기 모양의 풍경도 볼 수 있는데, 이것은 구속당하지 않는 자유를 상징하는 것으로 불교에서는 물고기상을 성스러운 상징물로 여기고 있습니다.

물고기가 반드시 살아 있어야만 하는 것은 아닙니다. 물고기를 그린 그림이나 물고기 장식물도 살아 있는 물고기와 똑같은 효과를 가져오기 때문입니다. 사무실에 물고기가 그려져 있는 도자기를 놓아 두는 것도 좋습니다.

앞에서 말한 대로 수족관이나 어항에는 완전을 뜻하는 빨간 금붕어 여덟 마리와 검은 금붕어 한 마리를 넣어두면 길합니다. 신혼부부라면 물고기를 두 마리만 넣어두는 것도 괜찮습니다. 예전부터 물고기 두 마리는 금실 좋은 부부를 상징했고, 그래서 갓 결혼한 사람들을 축복하는 물건으로 사용되었습니다.

음향

풍경(風磬)은 대단히 뛰어난 교정 수단입니다. 잔잔한 바람만 불어도 기가 흐르는 것을 느끼게 하는 멋진 소리를 내기 때문입니다. 풍경은 다양한 재질로 만들 수 있지만, 자신의 오행에 맞는 재질을 사용하고 페인트칠을 할 경우 더 큰 효과를 얻을 수 있습니다. 풍경에서 가장 중요한 것은 속이 비어야 한다는 것입니다. 기를 안으로 받아들여야 하기 때문입니다.

풍경과 마찬가지로 종도 대단히 뛰어난 교정 수단입니다. 종은 풍경처럼 한 곳에 매달아두지 않지만, 건드리거나 흔들면 마음을 가라앉히고 생각에 잠기게 하는 소리를 냅니다.

라디오와 텔레비전도 즐거운 소리를 내기 때문에 풍수 교정 수단으로 손쉽게 사용할 수 있습니다. 그런데 라디오와 텔레비전을 사용할 때는 주의를 기울여야 합니다. 거기에서 나오는 탁한 소리가 부정적인 기를 생성하기 때문입니다.

움직이는 물체

움직이는 물체로는 모빌, 풍경, 회전문, 천장에 달려 있는 팬(fan) 등이 있습니다. 모빌과 바람개비는 보는 사람에게 운치를 느끼게 하는 멋진 물건일 뿐 아니라 미풍에도 부드럽게 움직이기 때문에 실내에서 풍경 대신 사용할 수 있습니다. 풍경은 실외에 설치하는 경우가 많은데, 실내에 사용해도 놀라운 효과를 나타냅니다.

회전문은 긴 복도, 또는 문을 직접 향하고 있는 긴 복도에서 생긴 사악한 기운을 교정하는 매우 뛰어난 교정 수단입니다. 그리고 천장에 달려 있는 팬은 기를 움직이게 해서 괴거나 썩지 않게 합니다. 좋지 않은 냄새를 없애는 기능을 할 뿐 아니라 자주 사용하지 않는 장소를 환기하는 데도 매우 효과적입니다.

중량감이 느껴지는 물체

바위, 조각상 또는 대형 가구처럼 중량감이 느껴지는 물체는 음이거나 평평한 영역 그리고 가구들이 한쪽에만 배치되어 있는 침실에서 조화를 이루는 데 사용됩니다. 문제가 있는 영역을 세심하게 살핀 다음 중량감이 느껴지는 물체를 실내에 들여놓으면 되는데, 물체를 들여놓지 않고 가구의 위치만 변경해서 균형을 맞추는 방법도 있습니다.

색상

오행과 관련된 색상으로 집을 조화롭고 균형 있게 만들 수 있습니다. 안방에는 가장의 오행과 관련된 색상을 나타내는 사물을 두어야 하고, 각 방은 그 방을 사용하는 사람의 오행과 조화를 이루어야 합니다. 다행히 방 주인의 오행을 만족시키는 색상의 작은 물건만으로도 효과를 볼 수 있습니다.

천장의 경우, 조명 색상도 신중하게 택해야 합니다. 조명의 색상이 칙칙하면 사람의 기분을 억누르고 정체된 기만 생성하기 때문입니다.

중국 사람들은 붉은색이 행운을 상징하는 색상이라고 생각합니다. 중국 식당의 장식물들이 대부분 붉은색과 황금색인 것도 이 때문입니다. 새해가 되면 어른들이 아이들에게 돈이 들어 있는 붉은색 주머니를 선물로 주는 것도 같은 맥락입니다.

황금색은 부와 번영을 상징하고 녹색은 생명이 새롭게 움트는 계절인 봄, 즉 성장과 신선함을 상징합니다. 검정색은 대체로 부정적인 색상으로 여겨지지만 자신의 오행이 물에 해당하는 사람에게는 좋은 색상이 될 수도 있습니다. 그러나 색상 선택은 매우 개인적인 문제이고, 미적 판단이 자신의 오행보다 더 중요하다는 사실을 기억하기 바랍니다.

행복이란 다름 아닌 역경의 달콤한
우유이자 철학이라네.
-윌리엄 셰익스피어, 『로미오와 줄리엣』 3막 3장

제10장
행복의 비법

행복의 비법

중국 사람들의 인생관과 철학은 독특합니다. 그들은 자연 환경이 대단히 나쁜 곳에서 수천 년 동안 살아왔기 때문에 끊임없이 자연을 극복해야 했습니다. 사실 인간은 자연 환경과 조화를 이루며 살아야 합니다. 자연과 조화를 이루지 않은 삶이란 의미가 없습니다.

인생관이란 삶을 받아들이는 태도에 기초를 두는 법입니다. 앞에서 살펴본 것처럼 중국 사람들은 그들의 자연 환경을 극복하느라 부와 세속적인 명예를 추구할 여력이 없었습니다. 대신 삶을 있는 그대로 초연하게 받아들임으로써 삶을 풍요롭게 만들 수 있었습니다.

중국 역사에서, 그리고 인류 역사에서 위대한 사상가로 손꼽히는 노자와 공자 그리고 불교의 창시자인 석가모니가 모두 기원전 6세기경에 활동했다는 사실은 대단한 일이 아닐 수 없습니다. 모두 인류에게 대단한 영향을 준 인물들이니까요.

노자와 공자의 사상을 좀더 자세히 살펴봄으로써 행복의 비법을 알아보도록 하겠습니다.

노자의 행복론

중국인의 기본 성품은 실용적이고, 실질적이며, 현세적인 것을 좋아하기 때문에 중국인 중에 신비에 싸인 인물은 드뭅니다. 그러나『도덕경(道德經)』을 저술해 자신의 사상을 알린 노자는 신비에 싸인 대표적 인물이라 할 수 있습니다. 일반적으로 노자는 도가의 창시자로 알려져 있지만 그의 생애에 대해서는 알려진 바가 거의 없습니다. 160세 혹은 200세까지 살았다는 이야기가 전해져 내려오고 있으며, 주(周)나라 국립 도서관에서 '수장실사(守藏室史)'라는 관직을 역임했고, 그 뒤 은퇴해서『도덕경』을 썼다고 합니다.

원래 도(道)는 '발(辶)'과 '머리(首)'라는 글자가 합쳐진 글자로 특정한 행동 방법, 즉 군사적 지침을 의미했습니다. 노자는 도를 우주의 본질인 길로 풀이했고, 어떤 시에서는 결코 채워질 수 없으나 모든 것이 그것에서 비롯되는 공(空)으로 묘사하기도 했습니다.

노자의 사상과 철학은 시대를 초월해 존경받았습니다. 유학자들은 그를 위대한 철학자로 여겼고, 도교인들은 신으로 받들었으며, 많은 보통 사람들은 '성인'으로 칭송했습니다. 노자는 삶을 살아가는 기술에 대해 많은 가르침을 남겼으며, 그의 저서 『도덕경』은 행복의 비결을 알려주는 비서로 여겨지고 있습니다.

겸손

노자는 물을 통해 겸손을 자세히 풀이했습니다. 그는 물은 한없이 부드럽지만 반면에 가장 강한 것도 능히 없앨 수 있다고 말했습니다. 즉, 약한 것이 강한 것을 이길 수 있으며, 부드러운 것이 강한 것을 이길 수 있다는 말입니다.

노자는 또한 현자는 흐르는 물과 같다고 했습니다. 물은 생명을 기르고 힘이 되어 주지만 결코 높은 땅을 뒤집으려 하지는 않습니다. 물은 낮은 곳에 있는 것에 만족하며, 또한 낮은 곳에 있기 때문에 강과 여울이 대양으로 흘러 들어간다는 것을 알고 있습니다.

받고자 하는 사람은 먼저 주어야 하는 법입니다. 다른 사람들을 지배하고 싶으면 그들보다 자세를 낮춰 스스로 겸손해져야 합니다. 예수 그리스도 역시 제자들의 발을 씻겨주는 등 몸소 겸손을 실천했습니다. 스스로를 낮춤으로써 제자들보다 뛰어나다는 것을 보여주었던 것입니다.

그러니 굳이 이기려 하지 말고 앞서려고 하지도 말아야 합니다. 때가 올 때까지 묵묵히 참고 열심히 노력할 뿐입니다. 그러다가 기회가 오면 그 기회를 잡아 순리대로 목표를 성취하면 됩니다.

동정심

노자는 인생에서 중요한 것으로 동정심, 절약, 무심함을 꼽았습니다. 먼저 동정심이 있으면 다른 사람들의 안녕에 관심을 가지게 됩니다. 이 말은 성공에 대한 욕망이 있더라도 다른 사람들을 결코 잊지 말라는 것입니다. 또한 절약을 생활화하면 자원을 더 유용하게 사용할 수 있습니다. 그리고 최고가 되려고 기를 쓰기보다는 흘러가는 대로 살면 어느 순간 최고가 되어 있는 자신을 발견하게 됩니다.

노자는 이 개념을 사람이 살아 있을 때는 육체가 부드럽고 자유롭게 움직인다는 사실에 비유해서 설명했습니다. 사람은 죽으면 몸이 딱딱해지고 굳어 버립니다. 식물 역시 살아 있을 때에는 휘지만 죽으면 말라서 뻣뻣해집니다. 이런 시각에서 볼 때 뻣뻣하고 움직이지 않는 것은 죽은 것과 같은 형상이라 할 수 있습니다. 그렇기 때문에 부드럽고 유연하게, 경우에 따라서는 구부러지기도 하고 양보도 하면서 결국 성공을 이루게 되는 것입니다.

노자는 전쟁을 피할 방법이 없는 경우에만 전쟁을 하고 목표를 성취한 뒤 즉시 전쟁을 끝낼 줄 아는 사람을 훌륭한 장군이라 했습니다. 장군은 승리에서 기쁨을 취하지 않는 법입니다. 사람을 살상하는 것을 좋아하지 않기 때문입니다. 그런 사람이야말로 진정한 장군이라 할 수 있을 것입니다.

욕망의 자제

노자는 적게 취하는 사람이 결국 더 많이 가지게 될 것이라고 했습니다. 많은 것을 가지기 위해 욕심을 부리는 사람은 결국 소유욕에 사로잡혀 뜻하는 바를 이루지 못하게 됩니다. 끝없는 탐욕이야말로 결국에는 악이 되는 법입니다. 노자는 결코 만족할 줄 모르는 욕망보다 무서운 것은 없다고 했습니다. 현재 가지고 있는 것에 만족한다면 그것만으로 충분히 행복할 수 있습니다. 욕망이 적을 때 오히려 마음의 평화를 누릴 수 있다는 것을 기억하기 바랍니다.

자신에게 집착하지 않는 삶

지나치게 자신의 자아(自我)에 몰두하다 보면 걱정 근심이 많아지고, 외적인 것에 신경을 많이 쓰게 됩니다. 자신을 잊을 때 비로소 삶은 조화로워지고 자신에 집착하지 않을 때 삶은 즐거워집니다.

타인에게 많은 것을 주면 자신감은 더 강해지게 마련이고, 이기적인 생각을 버릴 때 비로소 목표를 실현할 수 있습니다. 진정으로 자신을 버리는 사람만이 결국 세계를 품에 안게 되는 것입니다.

한 번에 한 걸음씩

사소한 일이라도 최선을 다하고 나면 큰 것을 얻을 수 있습니다. 작은 일들을 계속 성취해나가다 보면 결국 커다란 목표도 성취하게 마련입니다.

인류에 커다란 족적을 남긴 위인들은 성취하려는 바와 그것을 달성하는 데 장애가 되는 것을 정확히 인식하고 있었습니다. 따라서 문제가 확대되기 전에 해결할 수 있었던 것입니다. 그들은 목표에 다가가면 다가갈수록 그만큼 실패 가능성도 커진다는 사실을 날카롭게 인식하고 있었습니다. 그래서 목표를 성취하는 순간에도 처음 시작할 때처럼 신중할 수 있었던 것입니다.

지나침 없이

잔이 넘치기 전에 물 따르는 것을 멈출 수 있어야 현명한 사람입니다. 목표를 성취하는 순간 그만둘 수 있어야 한다는 말입니다. 지나치게 말하지 말아야 하며, 지나치게 오래 머물러서도 안 됩니다.

참을성과 융통성을 갖고 스스로 만족하면서 생활한다면 행복한 삶을 만들어나갈 수 있습니다. 위대한 사상가 노자는 이러한 생각을 몸소 실천하기는 상당히 어렵다는 사실을 누구보다 잘 알고 있었습니다.

공자의 행복론Confucius

공자는 유가를 체계적으로 성립한 인물이며, 경전 연구를 통해 자신만의 독특한 철학 사상을 만들었습니다. 도덕과 사회 윤리에 대한 공자의 개념을 '이(理)'라고 하는데, '이'는 삼라만상이 자신의 자리에 있는 완벽한 세상을 상징합니다. 또한 의, 예의, 공정함, 신의까지도 상징한다고 할 수 있습니다. 그래서 유교를 '이(理)의 종교'라고도 하는 것입니다. 공자는 생전에 '관직 없는 제왕'으로 불렸습니다.

　유교는 수신(修身), 타인에 대한 이해와 깊은 동정을 강조하는 사상입니다. 공자는 사람은 교육을 통해 정직을 배우고 타인의 아픔을 이해하게 되며, 그 결과 더 행복하고 조화로운 세상이 된다고 했습니다. 또한 그러한 너그러움과 포용력을 가진 사람을 가리켜 '군자(君子)'라고 했습니다. 군자는 정직한 사람, 현명한 사람, 용기 있는 사람을 모두 합쳐 놓은 사람입니다. 정직한 사람은 걱정 근심이 없고, 현명한 사람은 당황하지 않으며, 용기 있는 사람은 두려워하는 것이 없습니다. 공자의 제자들은 공자를 그러한 군자라고 생각했습니다.

　공자의 사상은 현시대를 살아가는 우리 모두에게 가치 있는 교훈을 주고 있습니다. 가족 간에 협력하고, 부모에게 효도하며, 형제끼리 우애를 지켜나가고, 사회에 대한 책임 의식을 가지게 되면 세상은 훨씬 풍요로워질 것이 분명합니다.

　중국 사람들은 이 세상을 더 살기 좋은 곳으로 만들고 세상을 떠났다면 불멸의 상태에 도달한 것이라고 믿습니다. 그것은 수백 년이나 지속될 '향기'를 남기는 것과 같습니다. 가족과 이웃을 돌보고 평생 동안 공부하는 자세를 잃지 않으며 최선을 다해 일하고 고결하게 살아간다면, 행복하고 성공적이며 가치 있는 삶이 될 것입니다.

오 행복한 사람이여, 홀로 행복하구나,
오늘을 자신의 날이라고 말할 수 있는
사람. 그 안에서 마음이 편한 사람은
말할 수 있네, 오늘까지 살았기에 더
여한은 없나니.

－존 드라이든의 『오라스』 중에서

제11장
행운의 방향과 액운의 방향

행운의 방향과 액운의 방향

사람들은 저마다 자신의 띠에 따라 결정되는 네 가지 행운의
방향과 네 가지 액운의 방향을 가지고 있습니다. 풍수 방위
론(方位論)에서는 주역의 팔괘를 이용해서 행운의 방향과 액운의 방
향을 정합니다. 팔괘는 실선(끊긴 데가 없이 이어져 있는 선)과 파선
(짧은 선이 간격을 두고 이어져 있는 선)의 조합으로 이루어집니다.
실선은 양(남성) 에너지인 양기를, 파선은 음(여성) 에너지인 음기를
나타냅니다.

자신이 어떤 괘에 속하는지는 간단한 공식을 통해 쉽게 알아볼
수 있습니다. 먼저 남성은 100에서 자신이 태어난 해의 뒷자리 두 숫
자를 빼고, 9로 나눈 다음 나머지 숫자를 확인하면 됩니다.

예를 들면 1957년에 태어난 남자의 경우 100에서 57을 빼면 43
이 되고, 43을 9로 나누면 9×4=36이므로 나머지가 7이 됩니다. 따

라서 이 사람의 괘는 '태'가 됩니다. 1964년에 태어난 남자의 경우
는, 100에서 태어난 해인 64를 빼면 36이고, 36을 9로 나누면 나머지
가 생기지 않습니다. 따라서 이 남자의 괘는 '이'가 되는 것입니다.

　여자는 남자와 계산하는 방법이 조금 다릅니다. 먼저 태어난 해
의 마지막 두 숫자에서 4를 빼고 그것을 9로 나눕니다. 물론 여기서도
나머지가 중요합니다.

　예를 들어 1944년에 태어난 여자의 경우, 태어난 해의 마지막 두
숫자 44에서 4를 빼면 40이 되고, 이것을 9로 나누면 4가 남습니다.
그래서 이 여자의 괘는 손이 됩니다.

　이와 같이 자신이 속해 있는 괘를 계산해볼 수 있는데, 팔괘는 다
음과 같습니다.

　　　나머지가 1인 사람은　감
　　　나머지가 2인 사람은　곤
　　　나머지가 3인 사람은　진
　　　나머지가 4인 사람은　손
　　　나머지가 5인 남자는　손, 여자는 간
　　　나머지가 6인 사람은　건
　　　나머지가 7인 사람은　태
　　　나머지가 8인 사람은　간
　　　나머지가 없는 사람은 이

괘는 저마다 의미를 담고 있으며, 집의 각 영역과 관련이 있습니다.

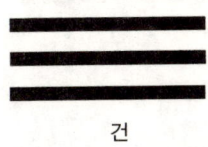
건

건-튼튼함(健)

세 개의 실선(양)으로 이루어지는 건은 가장과 그가 평소에 사용하는 서재, 화장실, 사무실 또는 안방과 관련이 있습니다. 건의 방향은 북서쪽입니다.

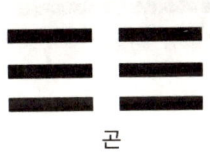
곤

곤-따름(順)

세 개의 파선(음)으로 이루어지는 곤은 어머니를 나타냅니다. 그래서 부엌, 재봉실 등 어머니가 주로 사용하는 공간과 관련이 있습니다. 곤의 방향은 남서쪽입니다.

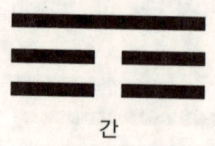

간

간-그침(止)

간은 하나의 실선(양) 아래에 두 개의 파선(음)으로 이루어지는데 북동쪽을 가리키고 막내아들을 나타냅니다. 그래서 막내아들의 침실은 집의 북동쪽에 배치하는 것이 가장 좋습니다.

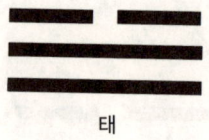

태

태-기쁨(悅)

태는 두 개의 실선(양) 위에 하나의 파선(음)으로 이루어지는데, 서쪽을 가리키고 막내딸을 나타냅니다. 그래서 막내딸의 침실은 집의 서쪽에 배치하는 것이 가장 좋습니다.

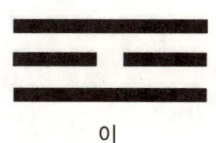

이

이-화려함(麗)

파선(음)을 가운데 두고 위아래에 실선(양)이 하나씩 있는 이는 남쪽을 가리키고 차녀를 나타냅니다. 그래서 차녀의 침실은 집의 남쪽에 배치하는 것이 가장 좋습니다.

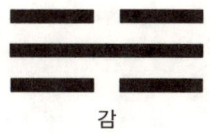

감

감-빠짐(陷)

실선(양)을 가운데 두고 위아래에 파선(음)이 하나씩 있는 감은 북쪽을 가리키고 차남을 나타냅니다. 그래서 차남의 침실은 집의 북쪽에 배치하는 것이 가장 좋습니다.

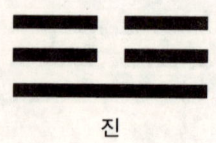

진

진-떨림(動)

하나의 실선(양) 위에 두 개의 파선(음)이 있는 진은 동쪽을 가리키고 장남을 나타냅니다. 그래서 장남의 침실은 집의 동쪽에 배치하는 것이 가장 좋습니다.

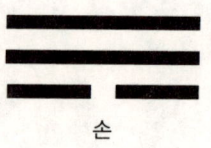

손

손-들어감(入)

하나의 파선(음) 위에 두 개의 실선(양)이 있는 손은 남동쪽을 가리키고 장녀를 나타냅니다. 그래서 장녀의 침실은 집의 남동쪽에 배치하는 것이 가장 좋습니다.

동향의 네 집과 서향의 네 집 East Four and West Four Houses

괘는 두 개의 집단, 즉 동쪽 방향에 있는 네 집(이 · 감 · 진 · 손)과 서쪽 방향에 있는 네 집(건 · 곤 · 간 · 태)으로 나눌 수 있습니다. 동쪽 방향에 있는 네 집의 괘는 불, 물, 나무와 관련이 있으며 서로 호환이 가능합니다. 또 서쪽 방향에 있는 네 집의 괘는 땅, 금속과 관련이 있으며 이 또한 서로 호환할 수 있습니다.

자신의 오행이 속한 집단에서 생활하면 행복한 삶을 살 가능성이 그만큼 높아집니다. 이를테면 괘가 태인 사람은 태에 속하는 집에서 살 때 더 행복한 삶을 누릴 수 있습니다. 그러나 건, 곤 또는 간에 속하는 집에서 살아도 행복한 삶을 누릴 수는 있습니다. 건, 곤, 간 모두 동쪽 방향에 있는 네 집에 속하기 때문입니다.

자신에게 가장 적합한 집은 집의 뒤편이 마주하고 있는 방향에 따라 정해집니다. 풍수에서는 이것을 집의 뒤편이 '자리 잡고 있는' 방향이라고 하는데 그것은 다음과 같습니다.

건에 속한 집 – 북서쪽에 자리 잡고 남동쪽을 마주함

곤에 속한 집 – 남서쪽에 자리 잡고 북동쪽을 마주함

간에 속한 집 – 북동쪽에 자리 잡고 남서쪽을 마주함

태에 속한 집 – 서쪽에 자리 잡고 동쪽을 마주함

이에 속한 집 – 남쪽에 자리 잡고 북쪽을 마주함

감에 속한 집 – 북쪽에 자리 잡고 남쪽을 마주함

진에 속한 집 – 동쪽에 자리 잡고 서쪽을 마주함

손에 속한 집 – 남동쪽에 위치하고 북서쪽을 마주함

여기에서 보면 괘가 이인 사람은 현관이 북쪽을 마주한 집에서 산다면 매우 행복한 생활을 할 수 있을 것입니다. 물론 현관이 남쪽, 서쪽 또는 북서쪽을 마주하고 있는 집에서 살아도 행복할 수 있습니다. 이들 방향이 모두 '이'와 조화를 이루기 때문입니다.

이제 자신의 괘를 알게 되었으니 〈표〉에서 행운의 방향과 액운의 방향을 확인해보세요. 어느 집이나 각각 네 개의 행운의 방향과 액운의 방향이 있습니다. 예를 들어 동쪽을 마주하고 서쪽에 자리 잡은 태에 속하는 집의 경우, 서쪽 · 남서쪽 · 북동쪽 · 북서쪽이 행운의 방향이고, 동쪽 · 북쪽 · 남동쪽 · 남쪽이 액운의 방향이 됩니다.

〈행운의 방향〉

집	건	곤	간	태
자리 잡은 방향	북서	남서	북동	정서
만복	북서	남서	북동	정서
건강	북동	정서	북서	남서
장수	남서	북서	정서	북동
번영	정서	북동	남서	북서

집	이	감	진	손
자리 잡은 방향	정남	정북	정동	남동
만복	정남	정북	정동	남동
건강	남동	정동	정북	정남
장수	정북	정남	남동	정동
번영	정동	남동	정남	정북

〈액운의 방향〉

집	건	곤	간	태
자리 잡은 방향	북서	남서	북동	정서
죽음	정남	정북	남동	정동
재앙	남동	정동	정남	정북
여섯 사기	정북	정남	정동	남동
다섯 귀신	정동	남동	정북	정남

집	리	감	진	손
자리 잡은 방향	정남	정북	정동	남동
죽음	북서	남서	정서	북동
재앙	북동	정서	남서	북서
여섯 사기	남동	북서	북동	정서
다섯 귀신	정서	북동	북서	남서

표 행운의 방향과 액운의 방향

행운의 방향 Positive Directions

중요한 일이 있을 때, 이를테면 협상을 하거나 문서를 날인할 때는 행운의 방향을 마주보고 있는 것이 좋습니다.

　다행히 행운이 깃들어 있는 곳을 쉽게 알아보는 방법이 있습니다. 괘가 동쪽 방향에 있는 네 집에 속해 있다면 동쪽 방향에 속한 네 방향(남쪽 · 북쪽 · 동쪽 · 남동쪽)이 모두 좋습니다. 괘가 서쪽 방향에 있는 네 집에 속해 있다면 서쪽 방향에 속한 네 방향(북서쪽 · 남서쪽 · 북동쪽 · 서쪽)이 좋습니다.

　현관이 행운의 방향을 마주보고 있는 것이 가장 중요하고, 침실문과 조리대 쪽의 문도 같은 방향을 마주보아야 합니다.

만복

만복의 위치는 항상 집이 자리 잡고 있는 방향을 향하고 있습니다. 이는 '행복한 삶을 보장하는' 위치로 알려져 있으며, 행복이나 만족감과 관련이 있습니다. 만복에 해당하는 위치는 침실을 배치하기에 제격입니다. 그런데 침실이 이 위치에 있으면 딸보다는 아들을 많이 낳을 수 있습니다. 경영 계통에서 일하는 사람의 경우 자신의 만복 위치와 책상을 마주하고 있으면 많은 이익을 얻을 수 있습니다.

건강

건강 위치는 보통 '하늘이 내린 명의'라고 불리는 위치입니다. 이 위치는 활력과 건강을 생성하므로 안방을 배치하기에 제격입니다. 또한 식당을 배치해도 좋습니다. 좋은 친구를 사귀게 하는 역할도 담당하기 때문입니다. 아울러 조리대 쪽에 있는 문이 이 방향과 마주하고 있으면 매우 유익하고, 만약 병을 앓고 있다면 침대를 건강 방향으로 바라보게 하면 좋습니다.

장수

장수 위치는 '많은 자손을 거느리고 오래 사는' 위치입니다. 이 위치는 마음에 평화가 깃들게 하고, 세상과 조화를 이루며 건강하게 살아가도록 하는 기능을 합니다. 특히 화목한 가족과 관계가 있어 집안 어른의 잠자리를 마련하기에 좋고, 식당이나 거실을 배치해도 좋습니다. 가족 간에 불화가 있을 때는 이 위치를 활성화해야 한다는 점을 기억하기 바랍니다.

번영

번영 위치는 집에서 가장 복되고 길한 위치로서 '좋은 기를 생성하는' 위치입니다. 이 위치는 발전, 열정, 에너지, 경제적 성공을 나타내기 때문에 현관, 주방, 서재, 식구들이 함께 하는 장소를 배치하면 좋습니다. 재정적인 문제가 있을 때 이 위치를 활성화하면 재정 상태가 호전됩니다.

번영 방향 역시 중요한데, 삶에서 가장 소중히 여기는 것들을 이 방향에 따라 배열하고 사악한 기운을 피한다면 나날이 발전하는 자신을 발견하게 될 것입니다. 또 침대가 이 방향을 향하게 하고, 이 방향에 있는 직장을 얻는다면 성공이 그다지 멀리 있지 않다는 것을 느낄 수 있을 것입니다.

액운의 방향 Negative Directions

액운의 방향에는 화장실을 배치하는 게 제격입니다. 부정적인 기가 '씻겨져 나가기' 때문입니다.

죽음

죽음 위치는 '파국'을 의미하는 만큼 가장 나쁜 위치입니다. 그렇기 때문에 이 위치에 현관을 배치하면 절대로 안 됩니다. 현관이 이 방향을 마주하고 있으면 집 안에 환자가 생기고 재물을 잃거나 명예가 실추됩니다.

재앙

재앙 위치는 논쟁, 분노, 공격, 법적인 문제와 관련이 있으며 '사고와 위험'의 위치입니다. 이 위치에는 다용도실, 창고 또는 화장실을 배치하는 것이 좋습니다. 침대가 이 방향을 향하고 있으면 불행이 끊이지 않는다는 점을 기억하기 바랍니다.

여섯 가지 사악한 기운

이 위치는 지연, 스캔들, 법적인 문제, 손실 등과 관련이 있으며, '여섯 가지 액운'을 의미하기도 합니다. 이 위치에는 주방이나 화장실을 배치하는 것이 좋습니다.

다섯 귀신

이 위치는 화재, 도둑, 재정 문제, 사소한 싸움, 논쟁과 관련이 있습니다. 현관이 이 방향을 마주하고 있으면 화재가 날 가능성과 도둑이 들 가능성이 높습니다.

현관의 방향 Your Front Door

자신의 괘를 고려할 때, 현관은 어느 쪽을 향하고 있는 것이 좋을까요? 현관이 자신에게 맞는 행운의 방향을 향하고 있을 때 삶은 여러 가지 면에서 풍요로워집니다. 이를 적절하게 이용해 성공적이고 행복한 삶을 즐겨보세요.

괘가 건일 때
현관이 남서쪽을 향하고 있으면 재정 상태가 좋아집니다. 현관이 북동쪽 또는 서쪽을 향하고 있으면 몇 대에 걸쳐 부귀를 누리게 됩니다.

괘가 곤일 때
현관이 북서쪽을 향하고 있으면 검은 머리가 파뿌리가 될 때까지 백년해로할 수 있습니다. 현관이 북동쪽 또는 서쪽을 향하고 있으면 명성과 명예를 얻게 됩니다.

괘가 간일 때
현관이 서쪽을 향하고 있으면 행복한 가정을 꾸밀 수 있고 많은 자손을 얻게 됩니다. 현관이 북서쪽과 남서쪽을 향하고 있으면 여러 가지 면에서 풍요로운 삶을 살게 됩니다.

괘가 태일 때
현관이 북동쪽을 향하고 있으면 재산이 꾸준히 불어납니다. 현관이 북서쪽 또는 남서쪽을 향하고 있으면 재정 상태가 좋아져서 물질적으로 풍요로움을 누리게 됩니다.

괘가 이일 때

현관이 북쪽을 향하고 있으면 재정 상태가 좋아집니다. 현관이 동쪽
과 남동쪽을 향하고 있으면 자식이 학문적 성공을 거두게 됩니다.

괘가 감일 때

현관이 남쪽을 향하고 있으면 재정적으로 풍요로워집니다. 현관이 남
동쪽을 향하고 있으면 많은 자손을 얻을 수 있습니다.

괘가 진일 때

현관이 남동쪽을 향하고 있으면 갑자기 출세하거나 자녀들이 순종하
게 됩니다. 현관이 남쪽 또는 동쪽을 향하고 있으면 큰 노력 없이도
재물의 축복을 누리게 됩니다.

괘가 손일 때

현관이 동쪽을 향하고 있으면 자녀가 학교에서 우수한 성적을 올리게
됩니다. 현관이 남쪽 또는 북쪽을 향하고 있으면 재정 상태가 좋아지
고 자식들이 부모 덕을 많이 보게 됩니다.

우리는 다음의 사실을 자명한 진리
로 확신한다. 즉, 모든 사람은 태어
나면서부터 평등하고 조물주로부터
양도할 수 없는 천부의 권리를 부여
받았으며, 거기에는 생명권, 자유권
그리고 행복을 추구할 권리가 포함
된다.

-미국 독립선언문

제12장
실제 생활에서 응용하기

실제 생활에서 응용하기

여러 가지 이유로 자신이 살고 있는 집의 풍수를 궁금해하는 사람들이 많습니다. 뭔가 좋지 않은 것만은 확실한데 그것이 무엇인지 정확히 알기가 어렵기 때문입니다. 사람들은 좀더 풍족한 생활을 위해서 또는 사람들과 원만하게 지내기 위해서 자기 집의 풍수를 알고 싶어합니다. 풍수를 정확히 이해하고, 적절히 활용한다면 좀더 행복하고 조화로운 생활을 누릴 수 있을 것입니다.

행복한 삶을 영위하기 위해서 자신이 살고 있는 집의 풍수를 알고 싶어했던 사람들의 이야기를 간단히 소개하겠습니다.

| 스티븐과 모니카 |

먼저, 중년의 음악가로 20살 연하의 아내와 살고 있는 스티븐의 이야기입니다. 그의 아내 모니카가 그에게 예술적인 영감을 불어넣어 그들은 결혼한 지 3년밖에 안 되었지만 놀랄만한 변화를 경험하면서 행복한 생활을 하고 있었습니다. 집은 편안하고 안락했으며 두 사람의 관심과 개성이 그대로 반영되어 있었습니다. 그들은 매우 다정스러운 부부였고 누구보다 행복한 생활을 하고 있었습니다.

그런데 그들 부부에게는 한 가지 고민거리가 있었고, 스티븐은 다음과 같은 자신의 심정을 토로했습니다.

"사람들은 우리 부부가 항상 행복하게 지낸다고 생각하지만 사실 우리는 각자의 일에 몰두하고 있는 순간에만 행복을 느낍니다. 일이 있어서 외출이라도 하게 되면 사람들의 곱지 않은 시선에 서먹한 느낌을 떨칠 수가 없어요. 아마 질투심 같은 게 아닌가 싶어요. 나이 많은 남자가 젊고 아름다운 여자와 사는 걸 못마땅해 하는……. 도대체 젊은 여자하고 사는 게 무슨 문제가 된다고 그러는지 모르겠어요."

사실 스티븐은 자신이 표현한 것 이상으로 동료들로 부터 많은 시샘을 받고 있었으며, 그것 때문에 마음고생을 심하게 하고 있었습니다. 또한 그는 대중가요를 작곡해서 상당한 돈을 벌어들이는 작곡가였는데, 클래식을 전공한 동료들로부터 영혼을 팔아 돈을 버는 가짜 음악가라는 질타도 받고 있었습니다.

스티븐의 아내 모니카는 드레스 디자이너였는데, 무척 매력적인 사람이었습니다. 스물여섯 살이니 매력이 넘치는 게 당연할 것입니다. 그녀는 대학 재학 시절 의상경연대회에서 우승을 한 경험이 있을 정도로 능력을 상당히 인정받고 있었습니다. 그러나 그녀 역시 남편과 같은 갈등을 겪고 있었습니다.

스티븐은 요즘 자신이 느끼고 있는 감정을 털어놓았습니다.

"결혼하기 무섭게 주변 사람들의 시선이 180도 변하더군요. 우리 두 사람이 사랑의 불장난이나 하다가 한두 달만에 파경을 맞을 거라고 쑥덕거렸죠. 그런데 아직까지 이렇게 잘 살고 있고, 게다가 시간이 지날수록 오히려 사랑이 뜨거워지니까 약이 올라 죽겠다는 표정을 짓는 사람들도 있더군요. 정말 우리 두 사람을 왜 그냥 놔두지 않는지 모르겠어요."

그러자 모니카도 푸념을 늘어놓았습니다.

"우리 부부가 행복하게 사는 것을 사람들이 싫어하는 것만은 확실해요. 외출할 때마다 우리가 보지 않는 곳에서 쑥덕거리는 소리를 들을 수 있거든요. 심지어 일부러 우리 귀에 들리도록 큰소리로 말하는 사람들도 있어요."

스티븐이 안타까운 얼굴로 말했다.

"그래서 우리 부부는 다른 사람들과 어울리지 못하고 이 집에서 은자처럼 지내게 되었어요. 정말 우리는 여기, 우리집에 있을 때에만 행복해요."

스티븐과 모니카의 집

그들이 사는 집은 단층인데도 멀리 항구가 보이는, 풍광이 대단히 좋은 곳에 자리 잡고 있었습니다. 그리고 현관에서 멀리 떨어진 곳에 설치된 분수는 복되고 길한 기를 넘칠 만큼 생성하고 있었습니다. 실내로 들어가는 길은 두 개였는데, 사람들이 많이 다니는 현관을 통해서 들어갈 수도 있었고 잔디 사이로 난 길을 따라 거실에 이르는 입구를 통해 들어갈 수도 있었습니다. 침실은 세 개였는데, 가장 큰 침실을 함께 사용하지만 일을 할 때는 각자 다른 침실에서 생활을 했습니다. 그리고 집이 꽤 넓은 편인데도 두 사람의 활동이 활발한 탓에 거실은 잡동사니로 가득 차 있었습니다.

"시간이 흐를수록 아내나 저나 거실을 작업실로 사용하는 일이 많아지고 있어요. 아내가 디자인을 하고 있으면 저는 곡을 연주하는데, 아내나 저나 상당히 능률이 오르는 것을 느낄 수 있어요. 사실 평소 거실은 지금보다 훨씬 지저분해요."

스티븐은 겸연쩍은 얼굴로 말했습니다.

두 사람은 사람들이 자신들에 대한 험담을 늘어놓지 않기를 진심으로 바라고 있었습니다. 그들은 험담을 얼마나 많이 들었던지 이제는 사람들이 눈앞에서 교묘한 방법으로 헐뜯는다 해도 두려워하거나 화를 내지는 않으리라고 굳게 다짐을 해둔 상태였습니다.

"집사람이나 저나 각자 자기 분야에서 나름대로 열심히 일하고 있습니다. 그리고 우리가 하는 일은 상당히 가치 있는 일이기도 합니다. 그래서 우리는 우리보다 성공하지 못한 사람들이 우리를 헐뜯는 거라고 생각합니다. 성공하는 사람이 있으면 으레 그걸 시샘하는 사람도 있는 법이니까요. 살리에르와 모차르트를 한번 생각해보세요. 살리에르는 모차르트의 성공을 질시해서 모차르트를 쓰러뜨리려고 했었지요. 무엇보다 그들이 우리 관계에 대해서 말할 때 가장 속상하고 마음이 아픕니다. 솔직히 말하면 제 나이는 집사람의 아버지뻘입니다. 하지만 집사람과 저는 서로를 끔찍이 사랑합니다. 저는 우리가 언제나 가십거리가 될 거라고 생각하고 있어요. 그건 정말 잔인한 일이죠."

나는 그들의 집을 샅샅이 돌아다니면서 풍수를 살펴보았습니다 (그림15). 실내는 조명 시설도 뛰어나고 하루 종일 햇볕도 잘 들었습니다. 그런데 북쪽을 향하고 있는 후면 현관에 들어섰을 때 거실 끝에 있는 유리창을 통해 항구가 한눈에 들어왔습니다. 바로 그것이 부정적인 요소였습니다. 정면 현관으로 들어온 상서로운 기가 후면 현관으로 곧바로 사라지게 되어 있었던 것입니다. 그런데 이 집의 경우 현관보다는 대형 슬라이드 유리창으로 많은 기가 들어오고 있었습니다. **거실 천장 한 가운데**에 설치된 **대형 샹들리에**는 양쪽 현관에서 들어오는 기를 모아 사방으로 골고루 보내는 기능을 하고 있었습니다. 이

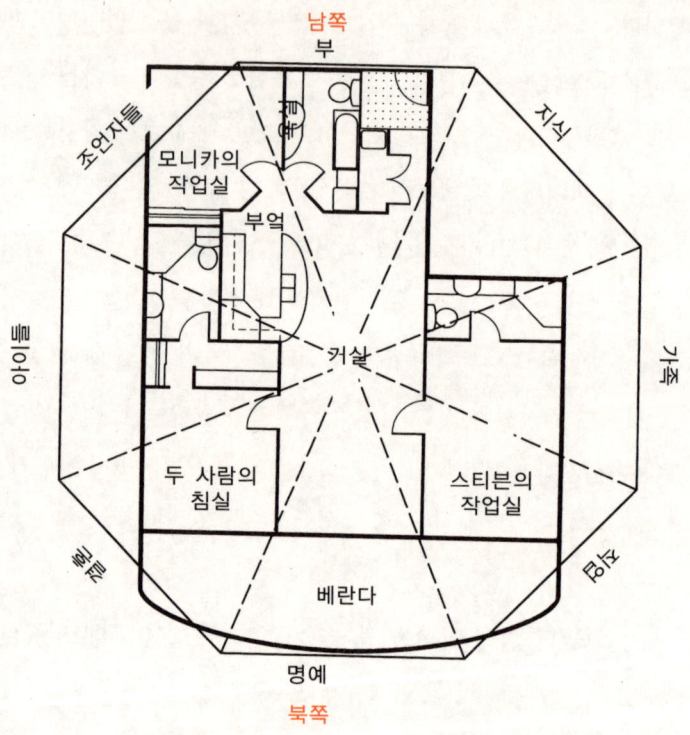

그림 15 스티븐과 모니카의 집 평면도

것은 훌륭한 교정 수단의 역할을 하고 있었습니다.

거실은 직사각형이었고, 거실 오른쪽에 부엌이 있었습니다. 다행히 현관에서는 부엌이 보이지 않았습니다. 휘어진 식당 구역에는 의자 네 개만 있을 뿐 정작 중요한 식탁은 없었습니다.

제가 의아한 표정을 짓자 스티븐이 입을 열었습니다.

"저희는 보통 거실에서 식사를 합니다. 집을 제대로 활용하지 못한다고 할 수 있죠."

모니카도 옆에서 거들었습니다.

"그래서 거실이 쓰레기장처럼 보이는 거예요."

포근하고 편안해 보이는 가죽 소파가 베란다에서 가장 가까이에 있는 침실의 1/3을 차지하고 있었습니다. 항구가 한눈에 들어오게 요령껏 배치되어 있었습니다.

스티븐은 거실 왼쪽에 있는 침실을 작업실로 쓰고 있었는데 베란다까지 통해 있었습니다. 스티븐이 작업실로 쓰고 있는 침실과 그 건너편에 있는 두 사람이 함께 쓰는 침실에는 각각 욕실이 딸려 있었고요. 안락한 분위기가 감도는 두 사람의 침실은 하루 종일 햇빛이 들었습니다.

모니카가 작업실로 사용하고 있는 침실은 현관의 오른쪽에 있었고, 욕실과 부엌 사이에 있었습니다. 그 방은 햇빛이 들지 않아 어두웠고 주차장 쪽으로 창문이 나 있었습니다.

나는 마방진에 가볍게 설계도를 그려보았습니다.

"스티븐 씨의 작업실은 직업 영역에 있습니다. 대단히 뛰어난 배치입니다. 대부분의 작업을 거기에서 하니까요. 거실의 1/3 정도가 명예 영역에 걸쳐 있습니다. 여기에 소파를 놓았는데, 대단히 뛰어난 배치입니다. 소파에서 손님들과 즐거운 시간을 보냄으로써 명예를 쌓을 수 있으니까요. 이 영역에 상장이나 사진을 진열해두면 명예를 더

높일 수 있습니다."

그러자 부부는 이해가 가지 않는다는 듯 서로에게 시선을 던졌습니다.

"아무것도 진열하고 싶지 않은데요. 그렇게 하면 오히려 사람들의 시샘만 더할 테니까요."

모니카가 고개를 가로저으면서 말했고, 나 역시 고개를 가로저으며 설명했습니다.

"이 영역에 전시한다면 시샘을 일으키지 않을 거라고 자신할 수 있습니다. 그렇다고 굳이 상장이나 사진을 모두 전시할 필요는 없습니다. 정말 자랑스럽게 생각하는 특별한 상이나 사진을 한 점씩만 전시해도 괜찮으니까요."

우리는 두 사람이 사용하는 침실로 들어갔습니다.

"이렇게 풍수에 잘 맞게 배치하기도 어려울 것 같습니다. 이 방향이 바로 마방진에서 말하는 결혼 영역인데, 친밀한 관계를 나누기에는 적격인 곳이죠. 햇빛도 잘 들고 분위기가 화사해서 마음이 금세 밝아지네요. 부정적인 요소가 하나 있는데, 그것은 액운을 부르는 기를 침실로 보내는 욕실입니다."

"그러면 그 부정적인 기를 없애는 방법이 있나요?"

모니카가 물었습니다.

"문을 닫고 문에 거울을 걸어보세요. 풍수 관점에서 보면 대형 거울로 침대를 비추면 좋지 않기 때문에 둥근 소형 거울을 높이 걸어두는 게 좋을 것 같습니다. 머리를 빗을 수 있을 정도의 높이면 충분할 것 같군요."

다음으로 스티븐이 사무실로 사용하는 침실로 가서 그곳에 있는 욕실을 살펴보았습니다.

"여기가 바로 문제를 일으키는 영역입니다. 현재 이 욕실은 친구들과 관련이 있는 가족 영역에 배치되어 있습니다."

내 이야기를 듣고 모니카가 어이없다는 듯 큰소리로 웃으며 반문했습니다.

"그럼 우정이 화장실 물과 함께 사라진다는 건가요?"

나는 고개를 끄덕이고는 자세히 설명해주었습니다.

"어떤 면으로는 그렇습니다. 이 화장실은 정말 많이 교정해야 합니다. 사실 이 경우 화장실이 아예 없는 편이 낫지만 현실적으로는 불가능하니까 화장실문에 거울을 달아서 화장실이 없는 것처럼 보이게 하는 것이 좋습니다."

"우리가 사용하고 있는 침실처럼 말인가요?"

"침대가 없으니까 여기에는 대형 거울을 달아도 괜찮습니다. 또 마주보는 벽에 거울을 달아서 마치 실내 전체가 없는 것처럼 할 수도 있습니다. 물론 사방에 거울을 달아주면 더 좋지요. 그리고 되도록 이 화장실은 쓰지 않는 것이 좋겠습니다."

우리는 거실 한가운데에서 발걸음을 멈추었습니다.

"여기가 바로 두 분에게 행운을 안겨주기도 하고 영성을 기를 수도 있는 영역입니다. 두 분은 정말 완벽하다고 할 정도로 이 영역을 많이 사용하고 있군요. 저기 걸려 있는 샹들리에는 상서로운 기를 사방으로 보내는 데 그만이지요."

나는 부엌 옆에 있는 의자를 가리키면서 말을 이었습니다.

"식사하기에는 더할 나위 없이 좋습니다."

그리고 이번에는 부엌을 가리키면서 말했습니다.

"부엌과 그 뒤편의 화장실이 배치된 곳이 바로 아이들 영역입니다."

"그렇다면 아이도 물에 씻겨 내려가는 형세가 되는 건가요?"

"그렇습니다. 두 분이 아이를 원하신다면 여기가 바로 액운이 끼어 있는 곳이라고 할 수 있습니다."

"저는 집사람과의 결혼 생활을 우선으로 생각하고, 집사람도 일에 열중할 수 있기를 바라고 있어요. 그래서 현재로서는 아이를 가질 생각이 전혀 없습니다."

"예, 그렇군요. 그런데 이 집에는 지식 영역이 없군요."

나는 설계도에 없는 부분을 가리키면서 설명을 계속했습니다.

"현재 상태로는 지식 영역이 없기 때문에 지식 영역을 활성화할 필요가 있습니다. 지금 작업실로 쓰고 있는 침실을 활성화해서 지식 영역을 교정해야 합니다. 그러려면 우선 작업실로 사용하고 있는 침실 문의 바로 왼쪽에 책장을 배치해야 합니다. 또 현관과 화장실은 직업 영역에 배치되어 있습니다. 직업 영역에 현관과 화장실이 있으니 잘못된 배치라고 생각할 수도 있지만, 그렇게 나쁘지는 않습니다. 현관에서는 화장실이 보이지 않으니까요. 다행히 현관에 들어서면 거실 일부와 그 뒤의 멋진 부분만 보이게 되어 있는데, 이것은 곧 성공과 발전을 상징하는 것이지요. 한 가지 고칠 점이 있다면……."

내 말이 끝나기도 전에 모니카가 얼른 내 말을 받았습니다.

"아하, 화장실 문을 닫아두어라, 그 말씀이죠?"

"예, 바로 그겁니다. 그리고 변기 뚜껑도 닫아야 합니다. 또 항상 전등을 켜 놓아야 합니다. 여기는 직사광선이 전혀 들어오지 않으니까요."

마지막으로 우리는 모니카가 작업실로 쓰고 있는 침실을 둘러보았습니다. 책상과 디자인 이셀은 문을 마주하고 있었고, 원래는 어둡고 침침했을 침실이지만 최신형 대형 조명장치를 설치해놓아 엄청난 양기가 흐르고 있었습니다.

"여기가 바로 도움을 주는 사람들, 즉 조언자 영역입니다. 이렇게 밝으니 도움을 받는 데 전혀 문제가 없었겠군요."

모니카가 고개를 끄덕였습니다.

"예, 지금까지는 전혀 문제가 없었어요."

2주일이 지난 뒤 스티븐 부부를 다시 방문했습니다. 제시한 교정법을 잘 따라주었는지 확인하고 싶었기 때문입니다. 모니카가 환한 미소를 띠고 맞아주었습니다.

"선생님, 정말 대단해요! 며칠만에 모든 게 변했어요. 도저히 믿어지지가 않아요!"

그녀는 흥분해서 큰소리로 말했습니다.

스티븐과 모니카는 풍수의 효과에 대해서 상당히 놀라워하고 있었습니다.

"사실 처음에는 회의적이었어요. 풍수에 따라 집 배치를 바꾸고 삶이 달라졌다는 친구가 있기는 했지만 심각하게 받아들이지 않았지요. 그런데 정말 이처럼 빨리 놀라운 변화가 생길 것이라고는 생각 못했습니다. 요즘은 말할 수 없이 행복합니다."

사실 스티븐 부부는 시내 중심가에 살면서 물질적으로 풍요로운 생활을 하고 있었고, 자기 분야에서도 상당히 성공한 사람들로서 명성을 떨치고 있었습니다. 이렇게 물질적으로는 부족한 것이 전혀 없었지만 풍수에 따라 집안 배치를 다시 하기 전까지는 진정한 의미에서 행복한 생활을 하지 못했습니다. 그들은 이제야 진정한 행복을 누리게 된 것입니다.

| 실비아 |

사람이라면 누구나 행복하게 살고 싶은 소망을 가지고 있습니다. 다음에 소개할 실비아 역시 예외가 아닙니다.

실비아는 유산으로 받은 베란다가 있는 **목조 단층집**에서 살고 있는 독신녀입니다. 그녀는 30대 후반으로 자신이 태어난 집에서 계속 살아왔습니다.

"열 살 때 아버지가 돌아가셨어요. 그래서 아버지에 대한 기억은 다정다감한 성격이었다는 것밖에는 없어요. 아버지가 돌아가신 뒤 어머니는 우울증에 걸렸고, 거기서 헤어나지 못했어요. 어머니는 아버지가 돌아가시고 그렇게 7년 동안을 우울증에 시달리다가 결국 세상을 떠났어요. 제가 집에서 간호를 해드렸는데, 벌써 돌아가신 지 2년이 다 되었네요."

실비아는 고등학교를 졸업하고 무역회사에서 줄곧 관세 업무를 남낭해왔습니다.

"대학에 진학하지 못했어요. 어머니의 건강이 좋지 않아서 제가 돌봐야 한다고 생각했거든요. 직장이 집에서 10분 거리에 있기 때문에 점심 시간이면 항상 어머니의 건강 상태를 확인하러 집에 왔어요."

실비아는 어머니가 살아 계실 때만 해도 그런 대로 행복했다고 합니다. 하지만 이제 홀홀 단신이 되었고, 더욱이 친구 하나 변변히 사귀지 못해 마음을 털어놓을 친구가 없다는 사실에 뼈저리게 외로움을 느끼고 있었습니다. 10대 시절에는 남자 친구도 있었지만 그 이후로는 남자 친구를 사귀어본 적이 없었습니다.

"정말 이제는 마음 터놓고 지낼 사람을 사귀고 싶어요. 물론 착한 사람이면 좋겠어요. 저와 제 사정을 충분히 이해해주고 다정하게 대해주는 사람이면 좋겠어요. 지금까지 남자를 사귀어본 적이 거의 없으니까요. 그리고 마음을 나눌 수 있는 사람들을 만나고 싶어요. 직장에서 알고 지내는 사람들이 있기는 하지만 진심을 나눌 수 있는 사람은 없었습니다."

그녀는 자신의 심정을 솔직히 털어놓았습니다.

"남자를 사귀고 친구들이 생기면 정말 행복해질 것 같나요?"

내 물음에 실비아는 고개를 끄덕였습니다.

"예, 그럴 것 같습니다. 정말 원하는 것은 그것뿐입니다. 항상 중요한 것을 잃어버린 채 살아왔구나, 그런 생각이 들거든요"

실비아의 집

실비아의 집은 평범했지만 겉보기에는 상당히 멋있었습니다. 정원도 정갈하게 정리되어 있었고 현관까지 이어지는 구불구불한 길 양편으로 꽃이 가지런히 피어 있었습니다. 집은 목조였는데 페인트칠을 한 지 얼마 되지 않은 듯했습니다. 현관에 들어서자 복도와 거실로 통하는 입구가 한눈에 들어왔는데, 실내가 모두 목조여서 어둡고 침침한 느낌이 들었습니다.

그녀의 안내에 따라 집 안을 자세히 살펴보았는데, 세 개의 침실 중 하나는 식당으로 사용하고 있었습니다(그림16). 식당으로 사용하는 침실은 현관에서 이어진 복도에서 생긴 사악한 기운의 끝에 있었습니다.

두 가지 중요한 문제점을 금방 확인할 수 있었습니다. 결혼 영역에 부엌이, 가족 영역에 화장실이 배치되어 있었던 것입니다. 그녀가 남자 친구와 다른 친구들을 사귀는 데 어려움을 느끼는 것도 놀랄 만한 일이 아니었습니다. 그녀는 직업 영역에 배치된 침실에서 잠을 잤고, 지식 영역에 배치된 침실은 어머니가 사용했다고 했습니다.

마방진을 이용해 각 영역이 상징하는 바를 설명하고 교정하고 싶은 영역을 물었더니 그녀는 결혼 영역과 가족 영역을 선택했습니다.

"당신 역시 결혼 영역과 가족 영역에 문제가 있다고 생각하는군요. 다행히 풍수에는 어떤 문제든지 해결해주는 교정 수단이 있습니

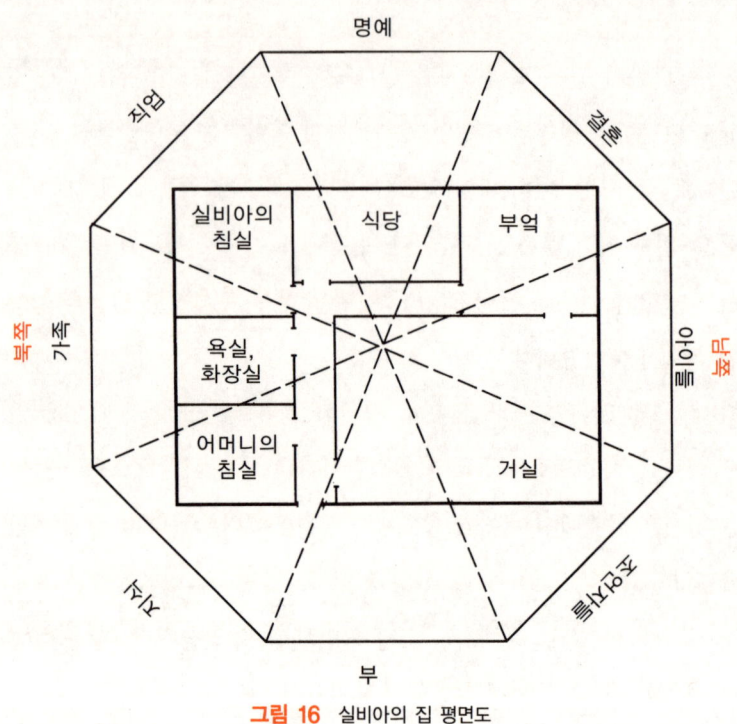

그림 16 실비아의 집 평면도

다. 즉, 문제가 되는 영역에 변화를 주어 활성화시키면 그 문제를 해
결할 수 있습니다. 이 집의 경우, 결혼 영역에 부엌이 있습니다. 이것
은 *행운이 배수구로 흘러가 버리게* 하기 때문에 결코 좋은 배치라고
할 수 없죠. 그러나 많은 시간을 보내는 영역이기 때문에 로맨틱한 분
위기로 바꾼다면 인간관계가 훨씬 좋아질 겁니다. 부엌을 볼 때마다
사랑과 로맨스를 떠올리게 하는 물건이 필요한데, 사랑하는 두 사람

을 상징하는 **양초 두 자루**를 놓아두는 것도 좋은 방법입니다. 혹은 로맨틱한 분위기가 물씬 풍기는 **포스터**를 붙여 두어도 좋습니다."

실비아는 그러한 제안을 흔쾌히 받아들였습니다.

"침실 역시 변화가 필요합니다. 더블 베드가 아니라 싱글 베드를 사용하더군요."

"예, 저는 지금까지 싱글 베드만 썼어요."

"그렇군요. 그런데 싱글 베드는 자기 침대에서만 잠을 자고 싶다는 의도를 드러낼 수 있습니다. 따라서 **더블 베드**로 바꾸고, 어느 쪽에서든 쉽게 침대에 올라갈 수 있도록 침대 양쪽에는 어떤 물건도 두어서는 안 됩니다. 그리고 침실문에서 대각선 오른쪽에 있는 결혼 영역을 활성화해야 하는데, 여기에도 로맨틱한 물건들을 배치해보세요. 굳이 화려하지 않아도 괜찮고 작아도 상관없습니다. 가족 영역에도 문제가 보이네요. **가족 영역**에 **욕실**이 있기 때문에 친구를 제대로 사귀지 못하는 것입니다. 다행히 간단한 방법으로 교정할 수 있습니다. 마주 보는 벽과 문 밖에 거울을 걸어서 욕실이 아예 없는 것처럼 만들면 되니까요. 그리고 문은 항상 잠가두어야 합니다. 또 가족 영역을 활성화해야 할 곳이 있는데, 바로 거실입니다. **거실**에는 가까운 **친지나 친구들의 사진**을 진열해놓으면 상당히 좋습니다. **금속물건**을 놓아두어도 좋은 효과를 얻을 수 있습니다." (실비아는 1962년 생으로 오행이 물에 해당하며, 금속은 물을 생성하는 작용을 합니다.)

실비아의 괘는 곤인데 태에 속하는 집에 살고 있었습니다. 이러한 팔괘는 서향의 네 집에 속하는 것이긴 하지만, 집의 다른 부분들에 상당히 많은 문제가 있었습니다. 이를테면 현관은 법적인 문제나 스캔들을 일으킬 가능성이 있다고 지적되는 6가지 사악한 기운 영역에 배치되어 있었고 어머니가 쓰던 침실 역시 이 영역에 배치되어 있었습니다. 다행히 실비아는 이 침실을 사용하지 않고 있었습니다.

그녀의 번영 영역은 부엌인데, 그다지 나쁘지 않았습니다. 부엌은 채광이 잘 되었고 그녀는 많은 시간을 부엌에서 보냈기 때문입니다. 식당(이전에는 침실)은 최고의 영역에 배치되어 있었습니다. 실비아의 오행이 물에 해당했기 때문에 식당은 수족관을 설치하기에 최적의 장소였습니다. 장수 영역은 거실의 일부를 차지하고 있었습니다. 장수 영역에 식당에 있었으면 더할 나위 없이 좋겠지만 거실에서도 많은 시간을 보내기 때문에 나쁘지 않았습니다.

실비아가 사용하는 침실은 상당히 나쁜 영역에 배치되어 있었습니다. 가장이 사용하는 침실은 건강 영역에 배치하는 것이 가장 좋습니다. 물론 이제까지는 어머니가 가장이었지만, 이제 그녀가 가장이 되었기 때문에 그녀가 사용하는 방이 가장의 침실입니다. 화장실은 5개의 귀신 영역에 정확히 배치되어 있었습니다.

또한 재앙 구역이 거실의 일부를 차지하고 있었기 때문에 재앙 구역에 있는 소파는 다른 데로 옮겨야 했습니다. 그대로 두었다가는

집에 찾아온 손님들이 싸우려고만 할 것이기 때문입니다.

실비아는 내가 말한 것을 그대로 받아 적고는 당장 고쳐보겠다고 했습니다. 나는 그녀에게 천천히 고치라고 했습니다. 천천히 고쳐야 변화를 직접 실감할 수 있기 때문입니다.

한 달쯤 지나서 실비아에게서 전화가 왔습니다. 일주일 전 두 남자에게서 데이트 신청을 받았다는 것이었습니다. 좀처럼 없는 일이라 무척 당황했으며, 혹시라도 너무 많은 것을 급하게 바꾼 것은 아닌지 걱정이 앞선다고 했습니다. 나는 너무 예민하게 생각할 필요는 없다고 진정시키고는 즐거운 마음으로 데이트에 응하라고 했습니다.

그녀는 내가 가르쳐준 대로 싱글 베드를 **더블 베드**로 바꾸고 침실의 결혼 영역에 **하트 모양의 금속 장식물**을 두었습니다. 그리고 어느 정도 변화가 생기자 좀더 많은 영역에 풍수 교정법을 사용했습니다.

부엌에는 붉은 하트에 *"I LOVE YOU!"*라는 글씨가 적힌 대형 포스터를 걸어두었고, 거실의 결혼 영역에는 만화로 그린 신혼 부부의 예쁜 모습을 **하트 모양의 액자**에 넣어 걸어두었습니다. 하트가 사랑과 로맨스를 뜻한다는 것을 쉽게 일 수 있도록 한 것입니다. 또 **욕실에는 대형 거울 4개**를 걸었고, 욕실문에도 하트 모양의 거울을 걸었습니다.

"사랑 영역을 지나치게 많이 바꾼 것 같아요. 그렇지 않나요?"

실비아가 물었습니다.

"아니, 그렇지 않아요. 이제부터 남자들이 줄을 설 겁니다! 그러니 아무 걱정 마세요."

나는 그녀를 다시 설득했습니다.

채 1년도 지나지 않아 실비아는 천생연분을 만났습니다. 남자는 40대 초반으로 은행에서 근무하는 샐러리맨이었습니다. 그는 교통사고로 상처한 뒤 10년 동안 혼자 지내온 사람이었습니다. 실비아는 단지 집안에 흐르는 기를 변화시켜서 이전에는 상상하지도 못했던 행복한 삶을 누릴 수 있게 된 것입니다.

앞의 두 사례는 현재 상태에서 풍수를 활용함으로써 좀더 행복한 삶을 누릴 수 있도록 조언을 해준 것에 불과합니다. 이처럼 집안의 풍수를 살펴 작은 변화만으로도 행복하고 만족스러운 생활을 영위할 수 있는 사례는 얼마든지 있습니다.

맺음말

행복을 즐기지 못하는 사람에게 행운이 깃들었다고 말할 수 없다. 그러나 어려운 가운데서도 행복을 즐길 줄 아는 사람만이 인생이 살 만한 가치가 있는 것이라고 말할 수 있다.

- 중국 속담

누구나 행복한 삶을 살고 싶어합니다. 가족 중에 한 사람만 아프거나 힘든 일이 있어도 본인은 말할 것도 없고 온 가족이 고통에 시달리게 되고 결국 가족 전체의 삶이 황폐해집니다. 따라서 행복이야말로 소중한 것이며, 그것이 무엇이든 행복한 삶을 증진시킬 수 있는 방법이라면 상당히 가치 있는 것이라고 말할 수 있습니다. 풍수는 수천 년에 걸쳐 원하는 목적을 달성하는 데 상당한 도움을 주었습니다.

그러나 간혹 욕심이 지나쳐 한꺼번에 모든 것을 바꾸는 사람들이 있습니다. 행복한 삶을 누리기 위해서 모든 것을 빨리 바꾸고 싶은 마음은 충분히 이해하지만 한 번에 한 영역씩 바꾸는 것이 바람직합니다. 한 영역씩 바꿔야 그로 인해 나타나는 변화를 제대로 느낄 수 있기 때문입니다.

전혀 예상하지 못한 놀라운 변화가 생기는가 하면, 눈에 띄지 않
게 서서히 변하는 경우도 있습니다. 따라서 충분한 시간을 가지고 가
장 중요한 영역을 활성화한 뒤 차분하게 기다리는 자세가 바람직합니
다. 그리고 나서 변화에 주의를 기울이면서 풍수 교정법을 좀더 많은
영역에 활용해보세요. 본인이 원하는 바를 이루는 데 좀더 많은 시간
이 걸릴 수도 있겠지만, 오히려 변화가 가져온 결과를 정확히 알고 충
분히 즐길 수 있습니다.

부디 이 책을 충분히 이해하고 적절히 활용하여 진정 행복한 삶
을 누리기를 기원합니다.

【용어풀이】

공자(기원전 551-479) — 삼라만상이 본래의 자리에 있는 완벽한 세상을 상징하는 이(理)의 개념을 발전시켰다. 이(理)는 정의, 예의, 공정, 심지어 신의까지 상징한다. 유교는 수신(修身)과 인(仁), 그리고 타인을 아끼는 마음을 강조하는 사상이다. 공자는 극단과 지나침을 피하는 중용을 지지하고 따랐다. 그는 교육을 통해 정직과 동정심을 배울 수 있으며, 행복하고 조화로운 세상을 만들 수 있다고 믿었다.

교정책 — '치료책'이라고 한다. 사악한 기운의 영향을 없애거나 막는 물건이면 어떤 것이든 상관없다. 보통 주어진 상황에서 오행의 불균형을 치유하기 위해 사용하며, 사악한 기운을 막기 위해 세운 벽 등도 교정책에 포함된다.

기 — 삼라만상에 깃들어 있는 보편적인 생명력을 말한다. 끊임없이 생성되었다가 사라진다. 기는 본질적으로 아름다운 것과 완벽하게 수행한 일에서 생성된다.

노자 — 기원전 570년경의 인물로 도가의 창시자이다. 삼라만상은 인위적으로 노력하지 않더라도 결국 본래의 자리로 돌아가기 마련이라는 무위자연사상을 주창했다. 『도덕경』을 저술하였다.

동향의 네 집 — 이, 감, 진, 손이 이에 해당한다. 동향의 네 집은 팔괘가 지시하는 여덟 방향에서 비롯되었으며, 다음과 같이 나타낼 수 있다.

괘	방 향	오 행
이	남쪽에 자리잡고 북쪽을 마주함	불
감	북쪽에 자리잡고 남쪽을 마주함	물
진	동쪽에 자리잡고 서쪽을 마주함	나무
손	남동쪽에 자리잡고 북서쪽을 마주함	나무

마방진 — 장방형 안에 배열된 숫자의 수평, 수직, 대각선의 합이 항상 동일한 것. 하나라 우왕이 발견한 거북등에 그려진 마방진은 풍수, 중국 점술 그리고 주역의 근본을 이룬다. 중국에서 수천 년에 걸쳐 유행했다.

금언 — 금언은 마음속에 긍정적인 생각을 끊임없이 불어넣는 짧은 문구 또는 문장이다. 에밀 쿠테(Emil Coute)의 '매일매일 새롭게 나는 조금씩조금씩 좋아지고 있다' 라는 말은 대표적인 금언이다. 한편 긍정적인 생각이나 말을 떠올리게 하는 사물로는 금붕어를 들 수 있다. 책상의 재물 영역에 동전을 넣은 소형 저금통을 놓아두면 그것을 볼 때마다 돈을 떠올리게 된다.

방위론 — 풍수는 두 가지 이론으로 대별되는데, 하나가 방위론이고 다른 하나가 지형론이다. 방위론에서는 팔괘를 사용하며, 중국에서는 기본적으로 모든 장소와 위치의 풍수를 살핀다. 백년 전부터 대부분의 풍수 전문가들은 두 가지 이론을 혼용해서 사용했다

사악한 기운(사기) — '독화살' 로 불리기도 한다. 사기는 불행과 액운을 가져오는 부정적인 에너지를 의미한다. 일반적으로 자신에게 다가오는 모든 직선은 사기로 여겨지는데, 집과 집으로 향하는 직선 도로가 T자를 이루고 있다면 사기가 발생하고 있는 것이다. 집의 두 벽이 이루는 각 역시 그것이 향하는

사물에 악영향을 미칠 수 있다.

상극의 주기 — 오행은 배치 순서에 따라 완전히 다른 결과를 나타낼 수 있다. 상극의 주기에서 오행의 각 요소는 뒤에 나오는 요소를 지배한다. 즉, 불은 금속을 녹이고, 금속은 나무를 쪼갠다. 나무는 땅을 파괴하고, 땅은 물을 막으며, 물은 불을 끄는 것이다.

상생의 주기 — 상생의 주기에서 오행의 각 요소는 뒤에 나오는 요소를 생성하고 지원한다. 이에 따라 나무는 불을 만들고, 불은 땅을 만든다. 땅은 금속을 만들고, 금속은 녹아서 물이 되며, 물은 나무를 자라게 하는 것이다.

서향의 네 집 — 건, 곤, 간, 태가 이에 해당한다. 서쪽 방향의 네 집은 팔괘가 지시하는 여덟 방향에서 비롯되었으며 다음과 같이 나타낼 수 있다.

괘	방 향	오 행
건	북서쪽에 자리잡고 남동쪽을 마주함	금속
곤	남서쪽에 자리잡고 북동쪽을 마주함	땅
간	북동쪽에 자리잡고 남서쪽을 마주함	땅
태	서쪽에 자리잡고 북쪽을 마주함	금속

오행 — 오행은 각기 나무, 불, 땅, 금속, 물을 의미한다. 이러한 다섯 가지 자연 요소는 저마다 분명한 에너지를 가지고 있고, 그 요소들이 서로 다르게 결합함으로써 풍수에서 상당한 역할을 한다. 상이한 자연 요소는 상생의 주기에서처럼 조화를 이루거나 상극의 주기에서처럼 갈등을 일으킬 수 있다.

음과 양 — 도교 철학에서 음과 양은 상반되는 개념이다. 음과 양을 단순히

정의하는 것은 불가능하기 때문에 음과 양을 대표하는 사물들의 목록을 통해 개념을 이해하는 것이 쉽다. 이를테면 검은 것은 음이고 흰 것은 양이며, 밤은 음이고 낮은 양이다. 여자는 음이고 남자는 양이며, 낮은 것은 음이고 높은 것은 양이다. 정면은 음이고 뒤는 양이며, 차가운 것은 음이고 뜨거운 것은 양이다. 이러한 개념은 원래 산의 양쪽 기슭을 표현한 것에서 비롯되었다. 어두운 북쪽 기슭은 음이고 햇빛이 비치는 남쪽 기슭은 양으로 보았던 것이다. 풍수에서는 세계에 대한 이러한 이중적 사고를 매우 중요하게 여긴다.

지형론 — 방위론에 앞서 나온 최초의 풍수 이론으로 지형으로 풍수를 평가한다.

팔괘 — 대개 중앙에 거울 또는 음양 기호가 들어 있는 팔각 모양을 띤다. 팔괘는 주역에서 나온 것으로, 중앙을 둘러싼 형태로 배열되어 있다. 일반적으로 보호와 행운을 상징하며, 현관에 걸어둔 팔괘 거울은 사기를 물리치는 교정법으로 활용된다.

괘 — 괘는 세 개의 실선과 파선의 조합으로 이루어진다. 실선은 양으로 남성 에너지를 표상하고 파선은 음으로 여성 에너지를 표상한다.

풍수 — 원래 바람과 물을 뜻하는 단어였으나, 세상과 조화를 이루고 살아가는 삶의 기술과 실천 덕목이라는 의미로 발전했다. 조화로운 삶은 행복, 만족, 풍요와 직결된다. 풍수는 5천 년의 역사를 가지고 있으며 최근 전세계적으로 널리 활용되고 있다.

【부록】

1900년부터 2010년까지의 오행과 띠

해	띠	오행
1900년 생	쥐	금속
1901년 생	소	금속
1902년 생	호랑이	물
1903년 생	토끼	물
1904년 생	용	나무
1905년 생	뱀	나무
1906년 생	말	불
1907년 생	양	불
1908년 생	원숭이	흙
1909년 생	닭	흙
1910년 생	개	금속
1911년 생	돼지	금속
1912년 생	쥐	물
1913년 생	소	물
1914년 생	호랑이	나무
1915년 생	토끼	나무
1916년 생	용	불
1917년 생	뱀	불

1918년 생	말	흙
1919년 생	양	흙
1920년 생	원숭이	금속
1921년 생	닭	금속
1922년 생	개	물
1923년 생	돼지	물
1924년 생	쥐	나무
1925년 생	소	나무
1926년 생	호랑이	불
1927년 생	토끼	불
1928년 생	용	흙
1929년 생	뱀	흙
1930년 생	말	금속
1931년 생	양	금속
1932년 생	원숭이	물
1933년 생	닭	물
1934년 생	개	나무
1935년 생	돼지	나무
1936년 생	쥐	불
1937년 생	소	불
1938년 생	호랑이	흙
1939년 생	토끼	흙
1940년 생	용	금속
1941년 생	뱀	금속

1942년 생	말	물
1943년 생	양	물
1944년 생	원숭이	나무
1945년 생	닭	나무
1946년 생	개	불
1947년 생	돼지	불
1948년 생	쥐	흙
1949년 생	소	흙
1950년 생	호랑이	금속
1951년 생	토끼	금속
1952년 생	용	물
1953년 생	뱀	물
1954년 생	말	나무
1955년 생	양	나무
1956년 생	원숭이	불
1957년 생	닭	불
1958년 생	개	흙
1959년 생	돼지	흙
1960년 생	쥐	금속
1961년 생	소	금속
1962년 생	호랑이	물
1963년 생	토끼	물
1964년 생	용	나무
1965년 생	뱀	나무

1966년 생	말	불
1967년 생	양	불
1968년 생	원숭이	흙
1969년 생	닭	흙
1970년 생	개	금속
1971년 생	돼지	금속
1972년 생	쥐	물
1973년 생	소	물
1974년 생	호랑이	나무
1975년 생	토끼	나무
1976년 생	용	불
1977년 생	뱀	불
1978년 생	말	흙
1979년 생	양	흙
1980년 생	원숭이	금속
1981년 생	닭	금속
1982년 생	개	물
1983년 생	돼지	물
1984년 생	쥐	나무
1985년 생	소	나무
1986년 생	호랑이	불
1987년 생	토끼	불
1988년 생	용	흙
1989년 생	뱀	흙

1990년 생	말	금속
1991년 생	양	금속
1992년 생	원숭이	물
1993년 생	닭	물
1994년 생	개	나무
1995년 생	돼지	나무
1996년 생	쥐	불
1997년 생	소	불
1998년 생	호랑이	흙
1999년 생	토끼	흙
2000년 생	용	금속
2001년 생	뱀	금속
2002년 생	말	물
2003년 생	양	물
2004년 생	원숭이	나무
2005년 생	닭	나무
2006년 생	개	불
2007년 생	돼지	불
2008년 생	쥐	흙
2009년 생	소	흙
2010년 생	호랑이	금속
2011년 생	토끼	금속